中华优秀传统文化教本

中国茶

主编　舒　黎　唐望庆

中国商业出版社

图书在版编目(CIP)数据

中国茶 / 舒黎，唐望庆主编. —北京：中国商业出版社,2017.7
ISBN 978-7-5044-9901-1

Ⅰ. ①中… Ⅱ. ①舒… ②唐… Ⅲ. ①茶文化-中国-中小学-课外读物 Ⅳ. ①G634.253

中国版本图书馆 CIP 数据核字(2017)第 114625 号

责任编辑:蔡凯

中国商业出版社出版发行
010-63180647 www.c-cbook.com
(100053 北京广安门内报国寺 1 号)
新华书店经销
北京市航天伟业印刷有限公司印刷

* * * * *

787×1092 毫米 1/16 开 5.5 印张 字数 200 千字 四色彩印
2017 年 7 月第 1 版 2017 年 7 月第 1 次印刷

* * * *

定价:22.00 元
(如有印装质量问题可更换)

前　言

小时候，喜欢跟着父母去走亲戚，因为亲戚们总会拿出好吃好喝的来款待。其实现在看来，那些好吃好喝的也不过是粗茶淡饭。读大学的时候，跟着老师去岳阳君山参观学习，被泡在玻璃杯中的君山银针深深吸引了，于是买了人生中的第一盒茶——君山银针——送给我们的父母。后来，因茶结识了许多爱茶人，茶就成了我工作之余的陪伴。

因为喝茶，逐渐了解了中国的茶文化；因为爱茶，在不知不觉中，成了中国茶文化的学习者和传播者。

中华文明历史悠久，灿烂的文化浩如星海。我们撷取其中璀璨的一颗——中国茶，分享给广大的青少年朋友，希望他们了解中国优秀传统文化，传承中华文明，实现民族复兴的中国梦。

“中华文化源远流长，积淀着中华民族最深层的精神追求，代表着中华民族独特的精神标识，为中华民族生生不息、发展壮大提供了丰厚滋养。”中华优秀传统文化，滋养了我们的祖先，也世世代代滋养着中华的子孙。

作为一个教育工作者，一个资深的爱茶人，弘扬传统文化，责无旁贷。

“问渠那得清如许，为有源头活水来。”愿中华传统文化这活水源远流长，长盛不衰。

编　者

2017 年 7 月

目 录

第一课 茶的故乡

中国是茶的故乡，中国是最早发现、种植和利用茶叶的国家。世界著名科学史家李约瑟博士将中国茶叶列为中国继四大发明之后对人类的第五个重大贡献。在中国，茶也被誉为中华“国饮”。中华民族的祖先在认识大自然的漫长过程中发现了茶的食用、药用和饮用价值。现在茶已成为全世界最大众化、最受欢迎、最有益于身心健康的饮料。

一、茶的起源

科学研究证明，中国的西南地区是世界茶树的原产地。中国的先民们在神农时代就发现并开始了茶的利用。

中国西南地区野生大茶树分布最集中、数量最多。我国近代发现的野生大茶树达 200 多处，70% 分布在西南地区。干径 1 米以上的特大野生茶树几乎全部在云南。

目前世界上山茶科植物共约 23 属 380 余种，我国有 15 个属 260 余种。大部分分布在西南地区。云南被称为“山茶的故乡”。

知识链接： 云南现存古茶树活化石

1. 云南省勐海县巴达大黑山上发现的，树高32.12米，树围2.9米，距今1700多年的野生型茶树王。

2. 云南省澜沧县邦威地区发现的，高11.8米，距今1000多年的过渡型茶树王。

3. 云南省勐海县南糯山上发现的，树高9.55米，树幅10米，主干径1.38米，距今800多年的栽培型茶树王。

二、饮茶的起源与演变

1. 茶的发现

上古时期，中国的先民们就发现茶并发现了茶具有疗疾的作用。

陆羽《茶经》说："茶之为饮，发乎神农氏，闻于鲁庄公。"

这说明，在中国茶被发现和利用已经有数千年的历史了。

汉字里的茶字的前身"荼"最早见于《诗经》。《晏子春秋》已有齐相晏婴食茶的记载。东晋《华阳国志》记述周武王时，茶已经作为贡品了。《神农本草经》中有记载："神农尝百草，日遇七十二毒，得荼而解之。"这里的"荼"指的就是茶。

2. 茶的演变

发现茶以后，人们把茶当成祭品奉献祖宗，当成贡品进奉朝廷，当成菜食充饥，当成药品疗疾，最终把茶变成了一种大众化的饮料。

我国西南地区保留着食用茶树青叶的习惯。有"竹筒茶""腌茶"。《晏子春秋》记录有晏子用茶叶做成菜羹。

东汉至魏晋南北朝，不少典籍描述了茶的药性。由华佗《食经》、东汉的《神农本草经》等古籍可以看出，在秦汉时代人们已经关注茶的药用功能：益智、少眠、醒酒、助消化等。

西汉开始，茶便从羹饮演变成作为纯粹的饮料了。如古老的"焙茶"，唐朝的羹饮。明代以后，散茶大发展，茶由烹煮饮用过渡到冲泡饮用。

3. 饮茶风习的形成与发展

茶最初在巴蜀食用，后传入中原。战国末期，饮茶传到黄河流域。秦国统一战国后，茶向陕西河南等地传播。秦汉之际，茶的药用价值上升了。

魏晋南北朝，饮茶之风传播到长江中下游。这与佛教和当时的文人士大夫的特殊行为方式有关。饮茶可以提神醒脑，有利于清心修行。名山大川的寺院开始栽种制茶。茶被认为具有养生、延年益寿的神奇作用。

唐朝，纷纷以茶为题吟诗作赋，《茶经》的问世，对饮茶的普及起到了极大的推动作用。饮茶之风传到了塞外西北边疆。文成公主带茶到了西藏。茶成了“举国之饮”。

宋代饮茶之风更盛。上流社会嗜茶成风，宋徽宗赵佶亲著《大观茶论》。边疆少民更视饮茶为生活必须。“宁可一日无油盐，不可一日无茶”。

明朝朱元璋下诏废除饼茶进贡，散茶很快发展，成本更低廉，推动了茶饮。

到了清代，茶楼茶馆遍及乡村街市，婚嫁居家旅行都离不了茶。

知识链接

《茶经》是中国乃至世界现存最早、最完整、最全面介绍茶的第一部专著，被誉为茶叶百科全书，唐代陆羽所著。此书是关于茶叶生产的历史、源流、现状、生产技术以及饮茶技艺、茶道原理的综合性论著，是划时代的茶学专著，精辟的农学著作，阐述茶文化的书。将普通茶事升格为一种美妙的文化艺能，推动了汉族茶文化的发展。

三、中国人为什么爱茶

喝茶对人们有什么好处？

在当代三大饮料（茶、咖啡、可可）中，茶是对人类身心健康最有益的饮料。中国人为什么爱喝茶？因为茶是最保健的饮料、最家常的饮料、最高雅的饮料、最“中国”的饮料。

1. 茶是最保健的饮料

5000 年前神农发现茶叶首先用于解毒，以后慢慢作为药用。茶叶在中国发展史上最开始是以药用为主。

茶能生津止渴、消热解暑、利尿解毒、益思提神、消解疲劳、坚齿防龋，增强免疫力、延缓衰老、杀菌抗病毒，降血脂、降血压、消食解腻、减肥健美。现代中国人则普遍以饮茶来达到一定的保健作用。

华佗论茶：

东汉末年的名医华佗在《食论》中提到："苦茶久食，益意思。"是说："茶的味道苦涩，饮后能使人深思熟虑、开拓思维。"这是历史上第一次关于茶具有药用价值的记载。

华佗常年奔波在江淮一带采药，为民治病，积累了丰富的医疗经验。据说他累的时候，只要喝到一杯清茶，疲惫顿时消失，于是深深地体会出"苦茶久食，益意思"的见解，说明茶具有兴奋大脑、提神解乏的功效。

2. 茶是最家常的饮料

中国人说："开门七件事，柴米油盐酱醋茶"。唐朝就有"茶为人家一日不可无"之说。可见茶在人们日常生活中的重要性。

茶以药用开始，到以食用发展最后以饮用传扬。

饭前、饭后、饭中都可以饮茶；闲时可以饮，工作时也可以饮；在家可以饮，上班也可以饮；可以"代酒"，也可"代食"（僧人闭关坐禅时可以茶代食）；可以搞茶道，可以开茶馆；看书可以喝茶，下棋可以喝茶；写诗作画饮茶有精神，写作饮茶有思路。

茶叶成为普通饮品后，无论什么场合，无论是什么时间，都可以喝茶。茶已成为人们日常生活不可缺少的必需品。

3. 最高雅的饮料

在品茗活动中追求某种精神享受、某种审美情趣、某种修养、某种哲理，最终形成了所谓茶德和茶道。通过品茗活动，使人达到一种平静和谐的心灵境界，它可以陶冶个人性情，培养高雅情趣，协调人际关系，有助于社会风气的改良，茶叶无愧于"最文明的饮料"的称号。

4. 最"中国"的饮料

茶是中国最具民族特色的饮品，茶叶又被称为神奇的东方树叶。中国是茶的故乡，是茶文化的发祥地。在全世界，"茶"已成为中国的代名词之一。中国人喝茶不仅仅是为了解渴健身，中国人把茶喝成了文化，把茶喝出了特色。世界各国人民从中国引进了茶，学习了茶文化，茶也成了中华民族的骄傲。

四、中国的茶文化

中国茶文化是生活在华夏大地的中国人，5000 年以来在发现、种植和利用茶作为食品、饮品、礼品、贡品和祭品的过程中，以茶作为载体，表达人与人、人与自然之间的各种理念、信仰、情感、爱憎等思想观念的各种文化形态之统称。

中国人饮茶从先秦开始，到西汉、魏晋、南北朝时期，南方已饮茶成风，到了唐代饮茶之风已蔓延到全国，宋代饮茶之风更加盛行，明清时期中国饮茶之风已达到鼎盛。

茶虽然被包含在茶文化之中，从某种意义上说，茶又是茶文化之源。正是有了神奇的天然茶树，才有后世茶的发现和利用。千百年来，历朝历代许多文人、士大夫饮茶蔚然成风，而这种饮茶风气的传承和扩大，便慢慢形成了中国茶文化。

课外拓展

1. 请你查找资料，联系历史知识，谈谈为什么唐朝的茶文化得到空前的发展。
2. 小组课外探究：湖南地名“茶陵”的命名与中国茶文化的发展有什么关联？

第二课　茶的种类

中国茶文化博大精深，源远流长。在漫长的历史发展过程中，我国历代茶人富有创造性地开发了各种各样的茶类，外加茶区分布广泛，茶树品种繁多，制茶工艺不断革新，形成了丰富多彩的茶类。根据茶加工方法的不同将茶分为绿茶、红茶、青茶、黑茶、白茶、黄茶六大类。这六大茶类被称为基本茶类。

中国茶叶可分为基本茶类和再加工茶类两大部分。

一、基本茶类

1. 绿茶

我国产量最多的一类茶叶，具有“清汤绿叶”的特点。绿茶的主要品质特征是“三绿”，即干茶色泽翠绿、汤色黄绿、叶底嫩绿。具有香高、味醇、形美、耐冲泡等特点。

绿茶是“不发酵茶”。制作工艺经过杀青——揉捻——干燥三个步骤。由于加工时干燥的方法不同，绿茶又可分为炒青绿茶（西湖龙井、碧螺春）、烘青绿茶（黄山毛峰、太平猴魁）、蒸青绿茶（恩施玉露）和晒清绿茶（滇绿）。

我国18个产茶省（区）都生产绿茶。我国绿茶花色品种之多居世界之首，每年出口数万吨，占世界茶叶市场绿茶贸易量的70%左右。

2. 红茶

红茶起源于中国明代，最早为福建武夷山一带的小种红茶。红茶现在是国际茶叶市场的大宗产品。

红茶干茶色泽乌润，滋味甜香醇和，有“红叶红汤”的特点。红茶是“发酵茶”。加工时不经杀青，而是萎凋，使鲜叶失去一部分水分，再揉捻（揉搓成条或切成颗粒），然后发酵，最后烘焙干燥，完成红茶的制作。

红茶主要有小种红茶（正山小种）、工夫红茶（祁红）和红碎茶（立顿红茶）三大类。

3. 青茶（乌龙茶）

青茶属“半发酵茶”，干茶呈深绿色或青褐色，有花香果味，滋味醇厚回甘，是初喝茶人的最爱。制作时适当发酵，使叶片稍有红变，是介于绿茶与红茶之间的一种茶类。它既有绿茶的鲜爽，又有红茶的浓醇。

制作工艺：萎凋——做青——炒青——揉捻——干燥。

乌龙茶主要有：

闽北乌龙（武夷岩茶——大红袍、水仙、肉桂等）

闽南乌龙（铁观音、奇兰、黄金桂等）

广东乌龙（凤凰单枞、凤凰水仙、岭头单枞等）

台湾乌龙（冻顶乌龙、文山包种、白毫乌龙）

4. 白茶

白茶是中国六大茶类中的珍品。白茶生产历史悠久。传统白茶制法独特，不炒不揉，晾晒烘干，成茶满披白毫，色泽银白灰绿似雪。白茶汤色黄亮，滋味鲜醇。白茶性清凉，有退热降火、祛暑等功效。

白茶主要产于福建的福鼎、政和、松溪和建阳等县，有“银针”“白牡丹”“贡眉”“寿眉”几种。

5. 黄茶

黄茶在制茶过程中，经过闷堆渥黄，因而形成黄叶黄汤。

制作工艺：杀青——闷黄——干燥。

黄茶分为：

“黄芽茶”（包括湖南洞庭湖君山银针、四川雅安的蒙顶黄芽）

“黄小茶”（包括湖南岳阳的北港毛尖、湖南宁乡的沩山毛尖、湖北远安的鹿苑茶）

“黄大茶”（包括广东的大叶青、安徽的霍山黄大茶）

6. 黑茶

黑茶原料粗老，加工时堆积发酵时间较长，使叶色呈暗褐色。黑茶是藏、蒙、维吾尔等兄弟民族不可缺少的日常必需品。

有“湖南黑茶”“湖北老青茶”“广西六堡茶”，四川的“西路边茶”“南路边茶”，云南的“紧茶”“饼茶”“方茶”和“圆茶”等品种。

从世界茶叶生产来看，在以上六大类茶中，以红茶的数量最多，其次是绿茶，最少的是白茶。

知识链接：

大红袍的故事

武夷山大红袍，是中国茗苑中的奇葩，素有“茶中状元”之美誉，乃岩茶之王，堪称国宝，产于福建省武夷山，以精湛的工艺特制而成。成品茶香气浓郁，滋味醇厚，有明显“岩韵”特征，饮后齿颊留香，被誉为“武夷茶王”。大红袍茶树为灌木型，为千年古树，九龙窠陡峭绝壁上仅存 4 株，产量稀少，被视为稀世之珍。

关于“大红袍”的由来，一是说早春茶芽萌发时，从远处望去，整棵树艳红似火，仿佛披着红色的袍子，故名“大红袍”。另一说法极具传奇色彩。相传天心庙的和尚用神茶治好了一位上京赶考举人的病，举人考上状元后，为感谢神茶的救命之恩，回到武夷山脱下身上的红袍披在神树上，“大红袍”由此而得名。

二、再加工茶类

再加工茶类，是指在六大基本茶类加工工艺的基础上，对加工成的干茶进行一系列后续加工而形成的一类特殊茶制品。根据加工方式和形成产品品质风格的不同，再加工茶又分为：花茶、紧压茶、袋泡茶、工艺茶、液体茶、速溶茶及保健茶、非茶之茶等。

1. 保健茶

以茶叶为主料，再辅以具有保健功能的中药拼配加工而成，既发挥了茶叶和中药村的保健功能，又保持了茶叶的饮用价值。主要有八宝茶、枸杞茶、何首乌茶等。

2. 花茶

又称熏花茶、香花茶，是我国重要的且比较独特的茶叶品类，它以经过加工的干茶为原料，配以香花经过窨制加工而成。它既保持了纯正的茶叶，又兼备所窨鲜花的馥郁香气，花香茶味，别具特色。花茶所用的花品种有茉莉花、桂花、珠兰等好几种，以茉莉花最多。

3. 非茶之茶

人们习惯把当茶饮用的都称为“茶”，不一定非得有茶的成分，是“茶”概念的一种引申，故称作“非茶之茶”。市场上非茶之茶甚多，均不属于茶叶的范畴，但它却以保健茶或药用茶的形态出现。例如罗布麻茶、人参茶、杜仲茶……。这些“茶”与真正的茶是完全不同的植物种属，可以说没有一点亲缘关系。它们虽不是茶，但又不能称为假茶，其真正的含义是把这些植物叶或茎叶加工成干样后当茶泡饮。因此，这些非茶制品在广义上便成了茶家族中的“成员”。

4. 紧压茶种类

古代就有紧压茶的生产，唐代的蒸青团饼茶，宋代的龙团凤饼，都是采摘茶树鲜叶经蒸青、磨碎、压模成型而后烘干制成的紧压茶。现代紧压茶与古代制法不同，大都是以已制成的红茶、绿茶、黑茶的毛茶为原料，经过再加工、蒸压成型而制成，因此紧压茶属再加工茶类。如云南沱茶、湖南砖茶等。

茶诗欣赏：喜园中茶生　唐・韦应物

洁性不可污，为饮涤尘烦。此物信灵味，本自出山原。
聊因理郡余，率尔植荒园。喜随众草长，得与幽人言。

韦应物（737～791），唐代诗人。此诗借茶言志，饮茶修身，种茶育德。开头一句“洁性不可污，为饮涤尘烦”的著名诗句，通过赞茶之纯洁和功效，比喻人品的高洁、高雅。全篇讲茶，也是讲人，希望通过饮茶、种茶，来培养自已一生淡泊、不图名利、勤劳廉政的道德情操。

课外拓展

1. 你知道当地主要出产哪类茶？你能说出它们的名称吗？
2. 你所了解的茶类中，你最喜欢哪种茶？为什么呢？

第三课　怎样泡一杯好茶

我们要想品到一杯好茶，首先要泡好一杯茶；而要泡好一杯茶，需要掌握几个要点，即选茶、择水、备器、雅室、冲泡和品尝。

一、选茶

选茶即选好茶叶，但是什么是好茶却因个人口味偏好和季节的不同难以下绝对的定义。如有人喜欢喝清醇的绿茶，有人喜欢喝馥郁的乌龙茶，有人喜欢喝甘香的花茶，有人喜欢喝厚滑的普洱茶。饮茶者各有各的爱好，各有各的追求。

什么是好茶呢？我们通常所说的好茶应该具备以下特点：

①外形应达到整齐划一，茶叶的色泽、大小、长短都要一致；②茶叶中没有杂质；③具有清幽宜人的香气。

大部分茶求新不求陈，陈茶是远远不如新茶的。比如绿茶、红茶、大部分青茶等。当然，少数茶也有例外，是越陈越好。比如湖南黑茶、广西六堡茶、云南普洱茶等。另外，青茶中的武夷岩茶也是久藏不坏，越陈香气越高，滋味越醇。

二、择水

不管什么茶，如若遇不上好水，就如琴瑟琵琶，虽有妙音，如无妙指，终不能发一样。中国人历来非常讲究泡茶用水。茶叶必须通过开水冲泡才能供人们享用，水质直接影响茶汤的质量。陆羽在《茶经》中说道：“其水，用山水上，江水中，井水下，其山水拣乳泉、石池漫流者上。”泡茶用水讲究“清、轻、甘、冽、活”。

“清”指水质清，透明、无杂质，茶汤清澈明亮。“轻”指水体轻，溶解的矿物质少，茶汤明亮，滋味纯正。“甘”指水味甘甜，茶汤更加甘甜醇和，茶味更美。“冽”指水温寒冽，寒冽之水多出于地层深处，污染少，甘甜，茶汤滋味纯正甜爽。“活”指水源活，“流水不腐，户枢不蠹”，“水流三尺清”。流动的活水有净化作用，细菌不易繁殖，茶汤鲜爽宜人。

“精茗蕴香，借水而发，无水不可与论茶也。”

——明 许次纾《茶疏》

“茶者，水之神；水者，茶之体。非真水莫显其神，非精茶曷窥其体。”——明 张源《茶录》

“茶性必发于水，八分之茶，遇十分之水，茶亦十分矣；八分之水，试十分之茶，茶只八分耳。”——明 张大复

另外，泡茶还要用到“火”。古人主张“活水还须活火煎”。活火，即炭火之有焰者。现在，电热水壶、电滋炉和酒精灯已成主要的烧水器具，具有清洁卫生、简单方便的优点。

三、备器

不同的茶类，对茶具的要求各不相同。通俗的说法就是合适的茶具可以让你的茶各归各位。怎么样选用合适的茶具呢?

①看场合：独饮、待客、聊天、商谈，不同场合备不同的器具。②看人数：四人以下——标准壶；四人以上——较大茶壶。③看茶叶：所喝茶叶不同，茶具也不相同。

普通绿茶可用浙江龙泉青瓷杯或景德镇青花瓷盖杯；上等名茶可用无花纹玻璃杯或景德镇白瓷、龙泉青瓷敞口杯，便于观赏杯中茶芽的优美形态和碧绿晶莹的茶汤；红茶宜用白瓷或玻璃杯，也可用宜兴紫砂壶或涂白釉的紫砂杯；乌龙茶宜用广东潮州功夫茶具或福建乌龙茶具。茶具为泡茶服务，首先讲究实用、便利，其次才追求美观。茶具或典雅，或古朴，或现代，各有韵味。

四、雅室

品茶需要在一定的环境中进行。我国古代历来讲究品茗的环境，追求一种天然的情趣和

文雅的氛围。

在家饮茶，可在客厅或书房，或靠窗向阳更好，窗台摆些花卉，墙上挂点书画，即是相当不错的品茗环境。

有条件可结伴去郊区野外，山清水秀之处，青松翠竹掩映之下品茗叙谈、吟诗歌咏，体会融入大自然怀抱的境界。

比较方便的是邀三五知己到茶艺馆品茶。茶艺馆一般都环境优雅，灯光柔和，音乐悦耳，具有浓厚的文化氛围。

五、冲泡

冲泡是茶艺的要素中最关键的环节。冲泡不同的茶叶，要使用不同的茶具，其泡法也不相同。但有几个环节却是在绝大多数茶叶冲泡过程中要共同做到的，其要求大体相同。

冲泡步骤：1.备器 2.煮水 3.备茶 4.温壶(杯)

5.置茶 6.冲泡 7.奉茶 8.收具

六、品尝

品茶与喝茶不同。喝茶主要是为了解渴，满足生理上的需要；品茶则是为了追求精神上的满足，重意境，从茶汤美妙的色、香、味、形得到审美的愉悦。

一般来说至少可从三个方面去品尝和欣赏：一是观色；二是闻香；三是品味。

①观色

观色主要是观察茶汤的颜色和茶叶的形态。绿茶汤色以嫩绿、翠绿为上品；红茶以红艳为好；黄茶有杏黄、橙黄之分；乌龙茶则有金黄、橙黄、橙红、橙绿之分。

茶叶的形状也是千差万别，各有风致，令人赏心悦目。此外，还要观察茶汤的明亮度，以清澈明亮为最好(清澈是无沉淀，无浮游物；明亮是有光泽)，灰暗最差。

②闻香

闻香就是要嗅闻茶汤散发出来的香气。好茶的香气自然、纯真，闻之沁人心脾，令人陶醉。茶叶香气是由多种芳香物质综合组成的，不同的茶叶具有不同的香气，会出现清香、栗子香、果味香、花香等。

③品味

嗅闻茶汤的香气之后，就可品尝茶汤的滋味。茶的滋味也是非常复杂多样的。不管何种茶叶泡出来的茶汤，初入口时，都有或浓或淡的苦涩味，但咽下之后，很快就口里回甘，韵味无穷。

茶叶中对味觉起主导作用的物质是茶多酚、氨基酸，起辅助作用的是咖啡碱、还原糖等化合物；红茶中还有茶黄素和茶红素等物质。

舌头各部位的味蕾对不同的滋味感受不一样，如舌尖易感受酸味，舌心对鲜味最敏感，近舌根部位易辨别苦味。因此，茶汤入口后，不要立即下咽，而要在口腔中停留，使之在舌的各部位打转，充分感受到茶中的甜、酸、鲜、苦、涩五味，才能充分欣赏茶汤的美妙滋味。

七、课堂练习

按照茶的品饮步骤，分小组练习、演示绿茶的品饮。

茶诗欣赏：卢仝的七言古诗《七碗茶诗》

《七碗茶诗》是《走笔谢孟谏议寄新茶》中的第三部分，也是最精彩的部分，它写出了品饮新茶给人的美妙意境：第一碗喉吻润；第二碗帮人赶走孤闷；第三碗就开始反复思索，心中只有道了；第四碗，平生不平的事都能抛到九霄云外，表达了茶人超凡脱俗的宽大胸怀。喝到第七碗时，已两腋生风，欲乘清风归去，到人间仙境蓬莱山上。一杯清茶，让诗人润喉、除烦、泼墨挥毫，并生出羽化成仙的美境，写出了茶之美妙。茶对他来说，不只是一种口腹之饮，茶似乎给他创造了一片广阔的精神世界，将喝茶提高到了一种非凡的境界，专心地喝茶竟可以不记世俗，抛却名利，羽化登仙。

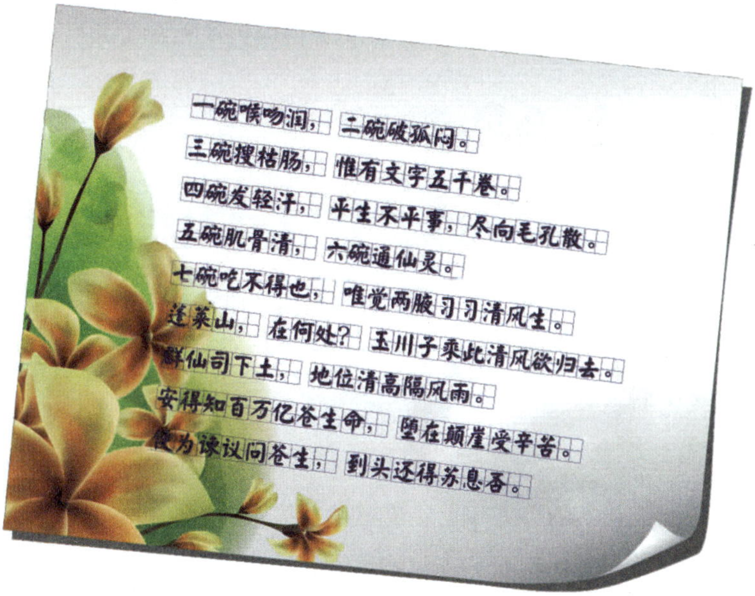

第四课　茶和茶艺

茶艺是一种文化。它萌芽于唐，发扬于宋，改革于明，极盛于清，有相当长的历史渊源。茶艺是包括茶叶品评技法和艺术操作手段的鉴赏，以及品茗美好环境的领略等整个品茶过程的美好意境，其过程体现形式和精神的统一。就形式而言，茶艺包括：选择水、烹茶技术、茶具艺术、环境的选择创造等一系列内容。

茶源于生活，茶艺便是生活中的艺术。所以，茶艺可以作为一种表演的形式呈现在舞台上，它不仅仅给我们带来视觉上的享受，还让茶文化得以传承和发扬。

一、茶艺是一种高雅的艺术形式

1. 茶艺是“茶”和“艺”的有机结合

茶艺是茶人把人们日常饮茶的习惯，根据茶道规则，通过艺术加工，向饮茶人和宾客展现茶的冲、泡、饮的技巧，把日常的饮茶引向艺术化，提升了品饮的境界，赋予茶以更强的灵性和美感。

2. 茶艺是一种生活艺术

茶艺多姿多彩，充满艺术的美感与生活情趣，可以丰富我们的生活，提高生活品位。茶艺是生活中的艺术，又是充满艺术的生活。

3. 茶艺是一种舞台艺术

要展现茶艺的魅力，需要借助于人物、道具、舞台、灯光、音响、字画、花草等的密切配合及合理编排，给饮茶人以高尚、美好的享受，给表演带来活力。

4. 茶艺是一种人生艺术

人生如茶，在紧张繁忙之中，泡出一壶好茶，细细品味，通过品茶进入内心的修养过程，感悟苦辣酸甜的人生，使心灵得到净化。

5. 茶艺是一种文化

茶艺在融合中华民族优秀文化的基础上又广泛吸收和借鉴了其他艺术形式，并扩展到文学、艺术等领域，形成了具有浓厚民族特色的中华茶文化。

茶性如水，清雅、内敛、而能内涵博大、更贴近东方人的性格，所以茶文化能在传统文化的历史长河中放射出耀眼光芒，而今又以崭新的姿态展现在人们面前。千余年的探索，茶事已经成为一门艺术，进入文化范畴，它以诗词、绘画、书法、歌舞、戏曲等多种文化形式，表现出其艺术的魅力。它包融哲学、经济、历史、宗教、民俗礼仪、旅游、科研、教育、医学、园艺、食品、陶瓷等诸多方面的文化，既有深邃的内涵，又有广阔的外延。

知识链接： **中国的茶诗**

茶诗是指“咏茶”诗词，即诗的主题是茶，这种茶叶诗词数量略少；广义的茶叶诗词不仅包括咏茶诗词，而且也包括“有茶”诗词，即诗词的主题不是茶，但是诗词中提到了茶，这种诗词数量就很多了。我国的广义茶叶诗词，据估计：唐代约有500首，宋代多达1000首，再加上金、元、明、清，以及近代，总数当在2000首以上，真可谓美不胜收、琳琅满目了。

二、茶艺的具体内容

茶艺的具体内容包含了技艺、礼法和道三个部分。

1. 技艺是指茶艺的技巧和工艺。

2. 礼法是指礼仪和规范。

3. 道是指一种修行，一种生活的道路、方向，是人生哲学。

技艺和礼法是属于形式部分，道是属于精神部分。

茶艺起源于中国，茶艺与中国文化的各个层面有着密不可分的关系。

三、茶艺的类型

根据不同的划分原则和标准，茶艺可以具体分为以下类型：

(1) 以茶事功能来分

分为生活型茶艺、经营性茶艺、表演性茶艺。

(2) 以茶叶种类来分

一般是按照基本茶类，即六大茶类分，如红茶茶艺、绿茶茶艺、乌龙茶茶艺、黑茶茶艺、黄茶茶艺和白茶茶艺。

(3)以饮茶器具来分

主要有壶泡法(包括紫砂壶小壶冲泡、瓷器大壶冲泡)，还有盖碗杯茶艺和玻璃杯茶艺。

(4)以冲泡方式来分

包括烹茶法、点茶法、泡茶法、冷饮法等。

点茶法

(5)以社会阶层来分

包括宫廷茶艺、文士茶艺、宗教茶艺、民间茶艺。

(6)以饮茶人群来分

主要是一些特殊人员群体的茶艺，如现在比较流行的少儿茶艺、伤残人茶艺等。

(7)以民族来分

如汉族茶艺、少数民族茶艺。

(8)以民俗来分

如客家擂茶、惠安女茶俗、新娘茶等。

(9)以地域来分

如北京的盖碗茶、西湖龙井茶、婺源文士茶、修水礼宾茶。

(10)以时期来分

一是古代茶艺、二是当代茶艺。

无论何种茶艺，都体现出中国茶艺的共性和个性的和谐统一。

四、茶艺与茶道

1. 喝茶有四个境界。

喝茶：将茶当饮料解渴。

品茶：注重茶的色香味，讲究水质茶具，喝的时候又能细细品味。

茶艺：讲究环境、气氛、音乐、冲泡技巧及人际关系等。

最高境界——茶道：在茶事活动中融入哲理、伦理、道德，通过品茗来修身养性、品味人生，达到精神上的享受。

2. 茶艺与茶道虽然都属茶叶的品饮艺术，但在概念上是有差别的。

茶艺重点在于表演，把品茶艺术通过表演表现出来。而茶道着重于精神，是通过品茶艺术达到精神境界。喝茶能静心、静神，有助于陶冶情操、去除杂念，这与提倡“清静、恬淡”的东方哲学思想很合拍，也符合佛道儒的“内省修行”思想。茶道精神是茶文化的核心，是茶文化的灵魂。

3. 中国的茶，能用来养性、联谊、示礼、传情、育德，直到陶冶情操、美化生活。茶之所以能适应各种阶层，众多场合，是因为茶的情操、茶的本性符合于中华民族的平凡实在、和诚相处、重情好客、勤俭育德、尊老爱幼的民族精神。

课外拓展

网上观看茶艺有关表演视频，感受茶艺表演中的环境、气氛、音乐、冲泡技巧等，了解茶艺作为一种艺术形式的特点。

第五课 茶具

茶具，在古代也称之为茶器或茗器。“工欲善其事，必先利其器。”人们在从事茶艺活动时，不仅讲究茶叶的色、香、味、形和泡茶用水的清、冽、净，还必须具备一套合适的器具。随着茶从一种药物到满足口腹之欲最终演变成为一种文化象征，茶具也从一开始的承托作用进而有了观赏性与艺术性。茶具的品类繁多，造型优美，兼有实用和艺术的双重价值，为历代品饮者所重视。

一、茶具的发展

茶具的历史悠久，从饮茶开始就有茶具。从粗糙古朴的陶碗到造型别致的茶壶，茶具历经几千年的变迁。

原始社会，我们祖先将采集野生的茶叶鲜叶，放在锅里与其他植物烹煮成羹汤食用。当时的烹饮方法和器皿都很简单，是与食物共用的木制或陶制的碗，一器多用。

我国最早谈及饮茶使用器具的是西汉辞赋家王褒的《僮约》，“烹茶尽具，酺已盖藏”。这是我国最早提到“茶具”的一条史料。唐代，朝野上下无不饮茶，引发了瓷窑茶具生产的兴盛。陆羽《茶经》列举了当时众多的瓷窑生产地，还列举了24件茶器具。宋代，制茶工艺更加精细，人们饮茶更加讲究。烧瓷技术大力发展，形成了官、哥、汝、定、钧五大名窑。

元代，青花瓷名声鹊起。它典雅清丽的特点和茶文化的恬静很一致，深受饮茶人士的推崇。

明代，宜兴紫砂陶与瓷器同时发展，“景瓷宜陶”并驾齐驱。紫砂茶具的艺术性不断增强。

清代，“三才杯”颇受宫廷、贵族的青睐。盖碗蕴含“天盖之，地载之，人育之”的道理。

二、茶具的种类和产地

悠悠中国，历史悠久，茶具种类更是数不胜数。主要有瓷器，陶土茶具，漆器，玻璃茶具，金属茶具，竹木茶具。

1. 白瓷茶具

色泽洁白，能反映出茶汤色泽，传热、保温性能适中。元代，江西景德镇白瓷茶具已远销国外。白瓷茶具造型精巧，装饰典雅，外表可绘山川河流、四季花草等，适合冲泡各类茶叶。白瓷茶具以江西景德镇为最好，通体透明，“透轻云望明月，隔淡雾看清山”“白如玉、薄如纸、明如镜、声如罄”。此外，湖南醴陵、河北唐山、福建德化，安徽祁门的白瓷品质也很高。

2. 青瓷茶具

东汉年间，已开始生产色泽纯正、透明发光的青瓷。这种茶具除具有瓷质茶具的众多优点外，由于色泽青翠，用来冲泡绿茶，能更加衬托出汤色。

3. 黑瓷茶具

宋代斗茶之风的盛行，斗茶者们认为建安窑生产的黑瓷茶盏最适合斗茶。以浙江余姚，德清产的为主。当时的黑瓷兔毫茶盏，风格独特，古朴雅致，而且瓷质厚重，保温性能好，为斗茶行家所珍爱。

4. 陶器——紫砂壶

(1)紫砂壶的历史

据说是春秋战国时越国大夫范蠡(li)(与西施退引江湖的“陶朱公”)发现的紫砂泥。紫砂被人所用做器具在宋代已开始。传说明正德年间宜兴一僧人沿街叫卖宝贵土，用此泥可富家，于是始大规模使用。

明末清初由于制茶、饮茶方式的改变，由烹茶点茶到沏茶。对茶壶质地要求更高，用紫砂壶泡茶，茶味隽永醇厚。长期泡茶味道更好，因此紫砂壶制作工艺大力发展。

(2)紫砂壶的产地:产于江苏宜兴丁蜀镇(古时称阳羡)。紫砂泥也是泥中泥，其泥料有:紫泥、朱砂泥、绿泥。

(3)紫砂壶的优点

双重气孔结构，具有较强吸附力，能吸收茶香味，长时间用来泡茶味道香醇。

造型精美，泥色多变，光泽温润。用紫砂壶泡茶能很好地保持茶的原味，而且茶叶不易变馊。冷热急变性好，火烤不易开裂，导热性慢，使用时不易烫手。

现代紫砂工艺又继续在早期砂器基础上不断发展，推陈出新，将紫砂陶器艺术发扬光大。

三、泡茶茶具介绍

1. 置茶器

① 茶则:由茶罐中取茶置入茶壶的用具。

② 茶匙:将茶叶由茶则拨入茶壶的器具。

③ 茶漏(斗):放于壶口上导茶入壶，防止茶叶散落壶外。

④ 茶荷:属多功能器具，除兼有前三者作用外，还可视茶形、断多寡、闻干香。

⑤ 茶仓:分装茶叶的小茶罐。

2. 理茶器

茶夹、茶匙、茶针

3. 分茶器

茶海、茶盅、公道杯

4. 品茗器

茶杯(品茗杯)、闻香杯、杯托

5. 涤洁器

茶盘、茶船(茶池、茶洗、壶承)、渣方、水方(茶盂、水盂)、涤方、茶巾

6. 其他

煮水器、壶垫、盖置、奉茶盘、茶拂、茶巾盘、香炉等

知识链接： **供春壶**

供春原名龚春，明代弘治、正德年间人。原为宜兴进士吴颐山的家僮。

吴颐山未中进士前，在宜兴金沙寺(今宜兴湖滏镇)读书。寺里的老僧身怀制壶绝技，但是不愿传于他人。书僮供春常看寺僧制作紫砂壶，他看在眼里，记在心里，用老僧洗手后沉淀在缸低的废泥，捏成一把小茶壶。这把茶壶以寺里的白果树的树瘤为鉴制成，古朴特别，很受欢迎。后来他以制壶为业，以树瘤壶最为名贵，有“供春之壶，胜于金玉”的赞语。

供春壶

课外拓展

现在的茶具市场茶具形色各异，品种繁多。请你去市场走访，了解现在人们喜爱使用的茶具有哪些？你自己最喜欢哪类茶具？

第六课　绿茶茶艺

绿茶是我们祖先最早发现和使用的茶。绿茶主产于中国，是中国产量最多的一类茶叶。日本、越南、韩国等国家也生产绿茶。其加工方法都是从我国传播出去的。早在1000多年前的唐朝，已采用蒸青法加工绿茶。绿茶属“不发酵茶”，其主要特征是“三绿”，即干茶色泽翠绿、汤色黄绿、叶底嫩绿。

一、冲泡绿茶的方法

冲泡绿茶采用三种方法：

一是上投法，它适用于外形紧结的高档名优绿茶，即先将摄氏75℃～85℃的热水冲入杯中，再将茶叶投放杯中。二是下投法，先放茶叶后再倒85℃左右的热水，适合普通绿茶。三是中投法，将杯中倒入三分满的热水，再投放茶叶，然后再次加入热水。

冲泡绿茶，水温一般在80℃～85℃，细嫩的名优绿茶一般只用75℃～80℃的水冲泡。这样不仅喝起来口感好，而且更加健康。

绿茶的投茶量一般是1∶50。通常是一只容量在100～150毫升的玻璃杯，投茶量为2～3克。

二、绿茶茶艺

（一）备器

1. 茶道组　2. 茶叶罐　3. 茶荷　4. 茶巾　5. 玻璃杯　6. 水盂　7. 电煮水壶

绿茶茶具的选用以透明度佳的玻璃杯为首选，尤其是西湖龙井、碧螺春等细嫩的名贵绿茶。除玻璃杯外，白瓷茶杯也是一个不错的选择。瓷茶具造型更为雅致，托在手中手感细腻，比玻璃杯更易于保温。

（二）、绿茶冲泡程序

1. 汤杯——冰心去凡尘

茶，至清至洁，是天涵地育的灵物，泡茶要求所用的器皿也必须至清至洁。用开水再烫一遍本来就干净的玻璃杯，做到茶杯冰清玉洁，一尘不染。

2. 凉汤——玉壶养太和

绿茶属于芽茶类，茶叶细嫩，若用滚烫的开水直接冲泡，会破坏茶芽中的维生素并造成熟汤失味，只宜用80℃的开水。

3. 投茶——清宫迎佳人

苏东坡有诗云："戏作小诗君勿笑，从来佳茗似佳人。""清宫迎佳人"就是用茶匙把茶叶投放到冰清玉洁的玻璃杯中。

4. 润茶——甘露润莲心

好的绿茶外观如莲心。"甘露润莲心"就是在开泡前先向杯中注入少许热水，起到润茶的作用。

5. 冲水——凤凰三点头

冲泡绿茶时讲究高冲水，在冲水时水壶有节奏地三起三落，好比是凤凰向客人点头致意。

6. 泡茶——碧玉沉清江

冲入热水后，茶先是浮在水面上，而后慢慢沉入杯底，我们称之为“碧玉沉清江”。

7. 奉茶——观音捧玉瓶

把泡好的茶敬奉给客人，我们称之为“观音捧玉瓶”，意在祝福好人一生平安。

8. 赏茶——春波展旗枪

在热水的浸泡下，茶芽慢慢地舒展开来。千姿百态的茶芽在玻璃杯中随波晃动，好像生命的绿精灵在舞蹈，十分生动有趣。

9. 品茶——慧心悟茶香

品绿茶要一看汤色、二闻茶香、三品滋味。绿茶的茶汤清纯甘鲜，淡而有味，细细品味，就一定能从淡淡的茶香中品出天地间至清、至醇、至真、至美的韵味来。

10. 谢客——自斟乐无穷

品茶有三乐，独品得神、对饮得趣、众品得慧。

在品了头道茶之后，请嘉宾自斟自饮，来感受修身养性、品位人生的无穷乐趣。

三、课堂实践

1. 小组合作练习，一名同学念解说词，其他同学按照步骤练习。
2. 各小组推荐一名同学上台演示绿茶茶艺。

茶诗欣赏：品令•咏茶（宋·黄庭坚）

凤舞团团饼。恨分破，教孤令。金渠体净，只轮慢碾，玉尘光莹。汤响松风，早减了两分酒病。

味浓香永。醉乡路，成佳境。恰如灯下，故人万里，归来对影。口不能言，心下快活自省。

第七课　红茶茶艺

红茶起源于中国，最早为福建武夷山一带发明的小种红茶。红茶属于全发酵茶，中西方都有很多它的拥护者，是全世界生产与销售数量最多的一个茶类。红茶具有红叶、红汤的外观特征，茶汤色泽明亮鲜艳，味道香甜甘醇。红茶中含有丰富的蛋白质，保健性极高。

在中国，红茶分为小种红茶，工夫红茶和红碎茶三种。小种红茶中最知名的是正山小种；工夫红茶是从小种红茶演变而成的，工夫红茶有滇红工夫红茶、祁门工夫红茶。

一、红茶冲泡要领

冲泡红茶一般水温为90℃，投茶量一般是1 : 50，如果是红碎茶则每克茶叶用水量为70～80毫升。头泡茶以冲泡30～50秒饮用为好。红茶除了清饮，还可以调饮。

二、祁门红茶冲泡程序

1. 赏茶

祁门红茶条索紧秀，锋苗好，色泽并非人们常说的红色，而是乌黑润泽。

2. 温具

用初沸之水，注入瓷壶及杯中，为壶、杯升温。

3. 投茶

用茶匙将赏茶荷中的红茶轻轻拨入壶中。

4. 高冲

冲泡祁门红茶的水温要在100℃，高冲可以让茶叶在水的激荡下，充分浸润，以利于色、香、味的充分发挥。

5. 分杯

用循环斟茶法，将壶中之茶均匀地分入每一杯中，使杯中之茶的色、味一致。

6. 闻香

祁门红茶其香浓郁高长，香气甜润中蕴藏着一股兰花之香，是世界公认的三大高香茶之一。

7. 观汤

祁门红茶的汤色红艳，杯沿有一道明显的“金圈”。茶汤的明亮度和颜色，表明红茶的发酵程度和茶汤的鲜爽度。再观叶底，嫩软红亮。

8. 品味

祁门红茶以鲜爽、浓醇为主，滋味醇厚，回味绵长。

9. 三品得趣

祁门红茶通常可冲泡多次，每次的口感各不相同，细饮慢品，徐徐体味茶之真味，方得茶之真趣。

10. 收杯

感谢来宾的光临。

知识链接： 世界四大红茶

祁门红茶

祁门红茶，简称祁红，是我国著名的优质红茶。祁红外形条索紧细匀整，锋苗秀丽，色泽乌润，内质清芳并带有蜜糖香味。

阿萨姆红茶

产于印度的阿萨姆溪谷一带。此地雨量丰富，对于阿萨姆大叶种茶树的生长十分适合，使得生产出来的红茶品质极佳。

大吉岭红茶

大吉岭红茶也是产于印度地区的红茶茶品，其中在五六月份生产的二号大吉岭茶品的品质是最好的。大吉岭红茶的制作工艺是根据正山小种改变而来的。

锡兰高地红茶

产于斯里兰卡地区，因其优越的品质，以及纯正的口感，现在在中国地区越来越受到人们的欢迎。锡兰高地红茶中的乌沃茶是其中最为著名的。

三、课堂实践

1. 分小组练习红茶茶艺。
2. 各小组推荐一名同学上台表演红茶茶艺。

课外拓展

1. 你知道红茶除了清饮外，还能与什么东西调饮吗？

2. 您知道“Black tea”是指中国的哪种茶吗？它是什么时候用什么方式传播到国外的？

第八课　调饮茶

清饮，是喝茶爱好者常常使用的一种品饮法。许多饮茶爱好者还喜欢将茶调饮来喝。调饮，是指在茶汤中再加入其他物质，如牛奶、柠檬、菊花、酒等。调饮茶的制作取材自由灵活，可以根据个人的喜好与心情自由搭配。

红茶的饮用方法大致分为两种:清饮法和调饮法。

中国大多数地方饮用红茶的方法为清饮法，即在茶汤中不加任何调味品，使茶叶发挥固有的香味。

调饮法，是指在茶汤中加入调味料，以佐汤味的一种方法。

中国古时，团茶、饼茶都碾碎加调味品烹煮后饮用。随着制茶工艺的革新，散茶的创制，饮茶方法也逐渐改为泡饮，并在泡好的茶汤中加入糖、奶、芝麻、松仁等佐料。现在的调饮法，比较常见的是在红茶茶汤中加入糖、奶、柠檬片、咖啡、蜂蜜或者香槟酒等。

本课重点介绍几款常见的红茶调饮茶。

一、柠檬红茶

柠檬，滋味酸甘，气味芳香，富含人体需要的多种维生素和微量元素，它具有生津开胃、清热化痰、抗菌消炎、美容养颜的功效，有人还称之为全能水果，深受人们的喜爱。吃柠檬果或喝柠檬汁，可以化食、解酒、排毒，对人体健康有很大的益处。

柠檬红茶具有柠檬的清香滋味，健胃整肠，帮助消化，很适合餐后饮用。此外，还可滋润肌肤、促进血液循环、活化细胞等。天气炎热时，饮用柠檬红茶，更具有生津、止渴、解暑的作用。

1. 器具与材料

茶壶、玻璃杯、茶叶罐、糖罐、茶荷、茶匙、茶巾、烧水壶。适量的红茶、柠檬片、适量的方糖。

2. 操作

①用茶匙从茶叶罐中取茶叶置茶荷中。

②将烧水壶中的开水倒入茶壶中温壶，再温杯。

③用茶匙将茶荷里的茶叶拨入茶壶中。

④将烧水壶中的开水冲入茶壶中，水至壶约九分满。

⑤玻璃杯中加方糖1～2块，将茶壶中泡好的茶汤倒入杯中，然后每杯茶汤中加入一片柠檬及少许柠檬汁，最后再夹取柠檬片（预先在圆片半径处切一刀）骑放在杯沿上。一杯酸甜可口，芳香四溢的柠檬红茶就做好了。

柠檬红茶色泽红亮清醇，红茶甜香滋味加上清爽怡神的新鲜柠檬味，沁人心脾，令人愉悦。茶汤口感酸中有甜，甜中带香，鲜浓爽口，解渴怡神。一杯在手，一股清新幽雅的花果香味，尚未入口，已上心头。

二、奶茶

奶茶是市面上常见的一款饮品。只要懂得了它的制作要领，在家也是很容易制作的。

1. 器具与材料

外形美观的瓷茶壶、茶杯，滤网，奶锅、红茶、牛奶，少许盐。

2. 做法

①把一小勺红茶倒入茶壶中。

②牛奶用奶锅煮开，趁沸腾的时候立刻倒入茶壶里。盖上茶壶盖，等待2～3分钟。

③2～3分钟后，将茶壶里的奶茶用滤网过滤掉茶渣后装入茶杯。

④在奶茶里加入一小撮盐，搅匀即可。还可以根据个人口味加入砂糖或方糖，也可以不加。一杯奶香浓郁，香滑可口的奶茶就完成了。

提示：

1. 正宗的奶茶，一般是使用印度阿萨姆红茶来冲泡，也可以使用其他红茶，比如安徽的祁门红茶，福建的正山小种都是不错的选择。

2. 用沸腾的水冲泡红茶，才能完全泡出红茶的香味。用牛奶冲泡也一样，要把牛奶煮沸来冲泡红茶。

3. 红茶冲泡的时间不要超过 3 分钟，如果时间过长，会产生较多的涩味。

4. 盐可以激发奶茶的味道，产生更美妙的口感。

5. 滤网的使用是为了奶茶的口感更细滑。

知识链接： **英式奶茶**

英式奶茶，也叫港式奶茶、香港“老街奶茶 STORY”，始于 17 世纪初期的香港石板街（石板街昔日被称为“总督第一街”，石板街以石板铺路而得名，紧邻兰桂坊），广州官吏林智贤，首创以加了牛奶的茶在香港石板街招待荷兰使节，这种独特的喝法旋即被带回荷兰；1680 年，约克 公爵夫人又将时髦的荷兰式饮茶——在茶中加鲜奶、砂糖引进英国，一时蔚然成风，尤其受到妇女们的喜爱，并成为英国皇室贵族的专供饮品。

三、自制珍珠奶茶

奶茶，顾名思义，就是奶和茶的混合物。这是中西结合的饮品，冬日里趁热来上一杯滑爽香浓的奶茶，从肚里暖到心底。在奶茶中再加入糯软的珍珠汤圆，便成了大家喜爱的珍珠奶茶了。

1. 器具与原料

敞口玻璃杯，祁门红茶，瓶装液态牛奶（或者奶粉），方糖（或者砂糖），珍珠汤圆。

2. 做法

①将牛奶装入玻璃杯中。

②按照常规泡茶法泡一杯红茶，滤去茶渣。

③泡茶的同时煮好珍珠汤圆，汤圆不能煮得太软。

④将红茶汤注入牛奶杯中。

⑤加糖，搅拌。

⑥将煮好的珍珠汤圆加入奶茶中，一杯醇香可口的珍珠奶茶就做好了。

茶与牛奶的比例可以根据个人的喜好确定，也可以不加糖饮用。玻璃杯的选用要根据奶茶的多少和珍珠汤圆的多少来定，珍珠汤圆不可太多。

四、课堂练习

分小组练习冲泡一款奶茶。

课外拓展

1. 中秋节前后，桂花盛开，你能将桂花加入茶中，泡一款应景的美茶吗？

2. 除了以上介绍的几种调饮茶，你还了解哪些其他的调饮茶呢？在家实践操作泡一款调饮茶，在课堂展示。

第九课 茶席

茶席设计，就是指以茶为灵魂，以茶具为主体，在特定的空间里，与其他的艺术形式相结合，构成的一个有特定主题的茶道艺术组合整体。茶席始于我国唐朝。大唐盛世，举国饮茶。一群出世山林的诗僧与遁世山水间的雅士，开始了对中国茶文化的悟道与升华，从而形成了以茶礼、茶道、茶艺为特色的中国独有的文化符号——茶席。

一、茶席是什么

茶席就是泡茶、饮茶的席面，它具有一定的规划性和艺术性，现代人常常把茶席的布置视为一种艺术设计行为。

为什么要布置茶席？布置茶席也就是我们常说的茶席设计。茶席是泡茶人对茶道之美的一种表现方式。茶席设计是为了表现茶道之美或体现茶道精神。

茶席设计，是茶艺活动中的一种美的创设过程。它用“物（器物）、人（泡茶人及饮茶者）、韵（茶艺美）”三个要素赋予了茶事活动以艺术特性。

二、茶席的构成

茶席由三大实物空间构成：

(1)操作台。(2)客人坐席。(3)活动空间，即以茶台为中心的品茗环境。

围绕这三大实物空间，在布置茶席时，要突出两点：(1)创设一个简洁、诗意、温馨、舒适的良好环境。(2)围绕彰显茶艺的主题做好渲染和铺垫。主要包括茶具的选配，灯光照明、音乐选择、色彩的搭配，以及家具风格、辅助艺术等的搭配。

音乐是生命的律动，是牵引人们走进茶艺艺境的温柔的手，也是茶艺师演示茶艺时看不见的指挥。

光线是人的视觉对空间、色调、质感、造型等进行审美观照的前提，也是营造与茶艺主题相适应的气氛、调节人的心情、提升茶室艺术格调的必要条件。

三、茶席设计要具备的几个内容

1. 茶品

茶，是茶席设计的灵魂，也是茶席主题设计的基础。茶席设计归根结底是要为品茶服务的。因茶，而有茶席。因茶，而有茶席设计。

2. 茶具

茶具是茶席设计的主体。茶具质地、造型、体积、色彩、内涵等，是茶席设计的重要部分，应使其在整个茶席布局中处于最显著的位置，以便于对茶席进行动态的演示。

3. 席面

席面指的是茶席整体或布局物件摆放下的铺垫物，也是铺垫茶席之下布艺类和其他质地物的统称。

席面的直接作用：一是使茶席中的器物不直接触及桌（地）面，以保持器物清洁；二是以自身的特征辅助器物共同完成茶席设计的主题。

4. 插花

茶席中的插花不仅指“花”，它包括茶席中常使用的花、叶、枝、景（盆景）等。茶席插花的特点是简洁、淡雅、小巧、精致。茶席并非展现插花技艺的舞台，过于繁杂的结构和花朵，不仅抢夺了茶的主位，也破坏了茶席的安静。花叶不求繁多，只插一两枝便能起到画龙点睛的效果。一捧苔藓，一段枯枝，或者几朵多肉，都能成为茶席的别致点缀。

5. 焚香

焚香，是指人们将从动物和植物中获取的天然香料进行加工，使其成为各种不同的香型，通过加温以获得嗅觉上的美好享受。茶席焚香，使人在嗅觉上获得非常舒适的感受，有时还能唤起人们意识中的某种记忆，从而使品茶的内涵变得更加丰富多彩。

6. 挂画

茶席中的挂画，是悬挂在茶席背景环境中书与画的统称。书以汉字书法为主，画以中国画为主。字画的内容要与茶的属性协调，更要体现茶席的主题。

7. 其他配饰

配饰选择的余地相当大，除了插花、盆景，香炉，其他小工艺品也是不错的选择。一般来说，配饰的选用宜简不宜繁，不能喧宾夺主。恰当地运用配饰，能有效地陪衬、烘托茶席的主题。

8. 茶点

茶席中的茶点一般分量较少，制作精细，样式清雅。茶点搭配要根据主题、茶类、茶具的质感来定，一般的原则是红配酸、绿配甜、瓜子配乌龙。做工精致的点心本身还能成为茶席布置的一个亮点。

9. 背景

茶席的背景，是指为获得某种视觉效果，设定在茶席之后的艺术布景。它可以使观赏者准确获得茶席主题所传递的思想内容。

课外实践活动

请你设计一款茶席。

要求:1. 茶席要有一个主题。

2. 将设计的茶席以照片的形式展示。

第十课　喝茶的礼仪

中国是礼仪之邦，而茶与礼在中国向来是紧密相关的。中国人习惯用茶表示礼，也把茶作为礼的一个重要内容，用礼的形式来规范各类茶事活动。中国人喝茶所讲究的各种礼仪，所表达的就是秩序、仁爱、敬意与友谊等意义。

茶本性恬淡平和，喝茶也讲究一种氛围。现代人喝茶虽然不主张繁文缛节，但保持基本的和谐礼仪也很重要，这样，我们在喝茶时才能得到身心的享受。

一、茶桌上的礼仪要求

1. 茶具清洁

客人进屋后，先让坐，后备茶。泡茶之前，一定要把茶具洗干净，尤其是久置未用的茶具，难免沾上灰尘、污垢，更要细心地用清水洗刷一遍。在冲茶、倒茶之前最好用开水烫一下茶壶、茶杯。这样，既讲究卫生，又显得彬彬有礼。

2. 茶水适量

斟茶时只斟七分即可，暗示“七分茶三分情”之意。俗话说“茶满欺客”，就是要求无论是大杯小杯，都不宜倒得太满。当然，也不宜倒得太少。倘若茶水只遮过杯底就端给客人，会使人觉得是在装模作样，不是诚心实意。

3. 奉茶得法

奉茶也是一种礼仪，奉茶的礼仪要求是：

双手端茶奉上。要将茶盘放在临近客人的茶几上，然后右手拿着茶杯的中部，左手托着杯底，杯耳应朝向客人，双手将茶递给客人的同时要说“请您喝茶”。

奉茶的顺序有讲究：一般为：先客后主，先女后男，先长后幼。

奉茶的禁忌：尽量不用一只手上茶，尤其不能用左手。切勿让手指碰到杯口。为客人倒的第一杯茶通常不宜斟得过满，以杯深的 2/3 为宜。

茶艺表演中，还有“举杯齐眉”的讲究。表演者用双手把茶杯捧到齐眉高，恭恭敬敬地向客人行注目礼，并把茶奉予客人。

4. 添茶及时

随时注意客人杯子里的茶水，如果客人的杯子里需要添茶了，要及时添加。添茶的时候要先给客人添茶，最后再给自己添。

二、喝茶时的几种礼节

主人给客人倒茶时，一般会给客人伸掌礼，客人的回礼礼节是叩指礼或者伸掌礼，两者都表示感谢之情。

1. 鞠躬礼

分为站式、坐式和跪式三种。站式鞠躬与坐式鞠躬在现代茶艺中比较常用，而跪式则在古代茶礼中有所涉及。鞠躬礼一般在茶艺表演或较正式的茶会中使用。

2. 叩指礼

常见的表达谢意的手势礼。有以“手”代“首”之意。以前的叩指礼是很讲究的，必须用握空拳用指关节叩桌面。现在已经演化为用食指和中指或者只是食指轻叩桌面，以示谢意即可。

叩指礼的来源有许多说法。传说微服私访的乾隆某天在某茶楼喝茶，因为某种原因拎起茶壶就给纪晓岚、傅恒等人倒茶，众人大惊，情急之下，纪晓岚“屈指扣桌”而示磕头，从而形成了一种敬礼。

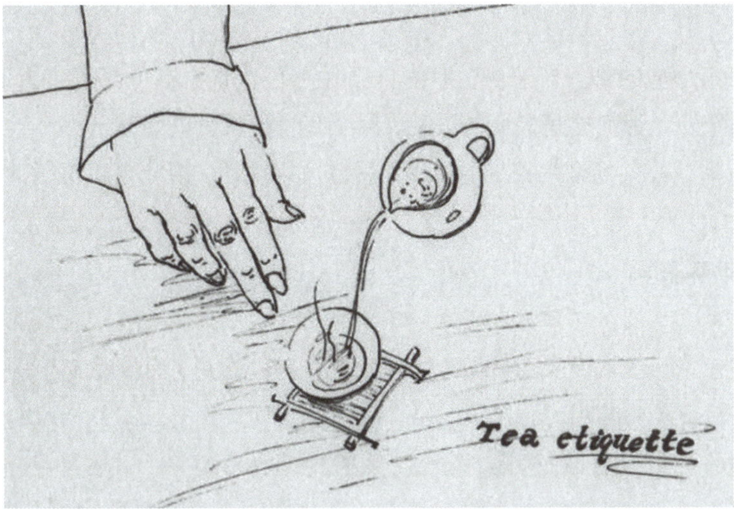

3. 伸掌礼

这是茶事活动中使用频率最高的礼仪动作。表示“请”与“谢谢”，主客双方均可采用。两人对面时，均伸右掌行礼对答;两人并坐时，右侧的一方伸右掌行礼，左侧的一方伸左掌行礼。

伸掌的姿势:将手斜伸向所敬奉的物品旁边，四指自然并拢，虎口稍分开，手掌向内凹。手腕要含蓄用力，动作不轻浮。行伸掌礼时应欠身点头微笑，一气呵成。

三、喝茶时的礼仪禁忌

一忌“一口闷”或“亮杯底”。茶本是滋味和精神的饮料，品茶时，如不是很渴，就别“一口闷”了。“一口闷”虽然解渴，但在茶席上有失礼仪。

二忌抽烟、喝酒。公共场合喝茶时，尽量避免抽烟。正式的茶会场合，更要避免酒后出席。因为茶道是陶冶人的性灵的一种艺术，重在渲染一种气氛，一身酒气难免会破坏了和谐的氛围。

三忌吐茶。第一泡的第一口茶汤，即使自己并不喜欢，也不可当着主人的面吐了出来，当然，茶已变质除外。否则这是极大的失礼，甚至有一种挑衅的意味。

四忌高声喧哗。公共场合喝茶，不可肆无忌惮大声说话，谈吐也应落落大方。

知识拓展：日本茶道

茶道源自中国，后经日本茶道创始人千利休改造成日本茶道。茶道是日本独树一帜的礼俗，保持着原始质朴的美、亲近自然和返朴归真的思想，希望依着“单纯和质朴”的茶道，达到净化心灵的目的。

日本茶道讲究“和、敬、清、寂”，这是贯穿茶道仪式的精神。日本茶道的任何一个细节都有严格的“礼仪作法”：从衣饰到移步，从推门进茶室到接人待物，从俯身作茶到仰身献茶，从奉碗饮茶到饮毕道谢，都有明确的规范，这是培养茶人人格不可缺少的茶道精神。茶道的目的不是为了饮茶解渴，不是鉴别茶质优劣，品茗茶叶浓淡，而是通过复杂的程序和仪式，达到追求幽静、加强和睦、陶冶情操的境界。茶道的真正精神是，清静、质朴、典雅，以及“朴素简洁与优雅无华的唯美主义”。

第十一课　活动 DIY①——奉茶

奉茶是中华民族文化中特有的一种礼仪。自周朝开始，人们便已重视祭天祀祖，讲究天人合一。百行孝为先，子女奉茶孝敬父母，徒弟沏茶拜敬师傅等，天经地义。奉茶礼早已成为华夏文化的重要特色之一，而茶亦成为传承礼孝文化的重要载体和媒介。中华奉茶礼是中华传统文化的一个缩影，是中华礼孝文化的一种表现形式。

一、活动目的

1. 以礼孝文化为切入点，以重阳节等传统节日为背景，以茶为载体媒介，表爱意、行孝道，感受中华民族文化的礼孝之美。

2. 用一杯茶来表达对父母、长辈的感恩，进一步懂得感恩他人，传播感恩正能量。

3. 进一步熟悉泡茶和奉茶的流程，对茶的品种、茶文化礼仪有初步的认识。

二、活动时间及地点

可选取重阳节、父亲节、母亲节或其他传统节日时间。地点宜安排在家中。

三、活动准备

1. 茶叶准备：征询父母、长辈的饮茶喜好或根据季节特点选用茶叶。

2. 茶器准备：根据所选茶叶特性确定泡法，选择茶器。指导学生根据实际情况选用或简便或正式的茶器。

3. 感恩致谢词的准备。不宜准备稿纸，说心里话，口头表达为佳。

四、活动内容

按照茶艺课所学知识，为父母或长辈泡一道茶。

1. 茶叶选择：按事先征询好的父母长辈对茶叶的喜好选茶备茶。

2. 茶艺展示：按照茶艺课所学要点，以各类茶冲泡要求和流程要求严格操作，在泡茶过程中要求体现茶艺的美感。

3. 奉茶：按茶艺课《喝茶的礼仪》和茶艺要求向父母长辈敬奉茶，并向父母长辈表达感恩致谢。

4. 可设置“温情——敬茶——分享——教诲——回味”五个环节，向父母长辈介绍相关茶的知识以及茶与健康等知识；与父母长辈以茶为缘相聚在一起，共同分享亲人之爱和茶的温暖；与父母长辈一同品味自己人生成长的滋味，呈现对父母长辈深深的爱意。

第十二课　中国各民族茶俗

“千里不同风，百里不同俗。”中华地大物博，民族众多，由于所处地理环境和历史文化的不同，以及生活风俗的差异，各地各民族的饮茶风俗也不同。尽管少数民族的茶俗与汉族的茶俗千差万别，形式也有不同，但其以茶待客，以茶祭祀，以茶联姻，以茶交友的文化内涵是完全相同的。各地区、各民族丰富的饮茶习俗使得我国的饮茶文化更加瑰丽多彩。

一、汉族饮茶习俗

汉族的饮茶方式大致可以分为：品茶、喝茶、吃茶。“品”，重在意境，以鉴别茶叶香气、滋味和欣赏茶汤、茶姿为目的，自娱自乐。要细品慢啜，“三口方知真味，三番才能动心”。

“喝”，以清凉解渴为目的，大碗急饮，或不断冲泡，连饮带咽。

“吃”，连茶带水一起咀嚼咽下。古人重在“品”，近代多为“喝”，至于“吃”，则为数不多、范围不广。

1. 汉族茶俗之一：成都盖碗茶

在汉族居住的大部分地区都有喝盖碗茶的习俗，以我国西南地区的一些大、中城市，尤其是成都最为流行。盖碗茶盛于清代，如今，在四川成都、云南昆明等地，已成为当地茶楼、茶馆等饮茶场所的一种传统饮茶方法，一般家庭待客，也常用此法饮茶。

课堂活动：盖碗茶的冲泡

分组按教师指导的方法练习使用盖碗。

要点：

一、净具：用温水将茶碗、碗盖、碗托清洗干净。

二、置茶：用盖碗茶饮茶，选用的都是珍品茶，常见的有花茶、沱茶，以及红绿茶等。

三、沏茶：用初沸开水冲茶，冲水至茶碗口沿时，盖好碗盖，以待品饮。

四、闻香：泡5分钟左右，茶汁浸润茶汤时，则用右手提起碗托，左手掀盖闻香。

五、品饮：用左手握住碗托，右手提碗抵盖，倾碗将茶汤徐徐送入口中，品味润喉。

2. 汉族茶俗之二：潮汕啜乌龙

闽南及广东的潮汕一带，家家户户钟情用小杯细啜乌龙。啜茶用的小杯，称之若琛瓯，只半个乒乓球大。用如此小杯啜茶，是汉族品茶艺术的展现。

啜乌龙茶很有讲究，与之配套的茶具，诸如风炉、烧水壶、茶壶、茶杯，谓之“烹茶四宝”。泡茶用水应选择甘冽的山泉水，而且必须做到沸水现冲。经温壶、置茶、冲泡、斟茶入杯，便可品饮。

啜茶的方式更为奇特，先要举杯将茶汤送入鼻端闻香，只觉浓香透鼻。接着用拇指和食指按住杯沿，中指托住杯底，举杯倾茶汤入口（此法为“三龙护鼎”）含汤在口中回旋品味，顿觉口有余甘。一旦茶汤入肚，口中“啧！啧！”回味，又觉鼻口生香，咽喉生津，“两腋生风”，回味无穷。啜乌龙，不仅是满足口腹之欲，更重要的是在于鉴赏茶的香气和滋味，悠然自得地慢慢鉴水、烹茶、品香，重在物质和精神的享受。所以啜乌龙又被称为饮工夫茶。

3. 汉族茶俗之三：吃早茶

在我国的大中城市比较多见，尤其是广州，人们最喜欢坐茶楼吃早茶。早在清代同治、光绪年间，广州的“二厘馆”茶楼就盛行。上这里的茶客多是劳苦大众，早晨上工之前，在这里泡一壶茶，要两件点心作为早餐。现代叫“茶餐厅”，除广东外，江苏的扬州、盐城、南通地区也比较多。在这些地方，茶楼是人们沟通交流的重要场所。增进感情，洽谈业务，谈情说爱，用吃早茶的方式再恰当不过，因此汉族吃早茶的风俗长盛不衰。

4. 汉族茶俗之四：喝大碗茶

大碗茶的风尚，在车船码头、大道两旁、车间工地、田间劳作等处多见，在北方最为风行。煎茶大碗喝是汉族的一种古茶风，自古以来，卖大碗茶就是中国的三百六十行之一。这种清茶一碗、大碗饮喝的方式，虽然粗犷，甚至于有些“野味”，但它听凭自然，无需繁多的工具和场所。所以，它多以茶摊、茶亭方式出现，主要供过路行人解渴小憩，它贴近民众生活，为劳动人民所接受，广受欢迎。

二、藏族饮茶习俗

酥油茶是藏族生活中不可或缺的饮料。西藏高原空气稀薄、气候干冷，蔬菜瓜果少，居民常年以奶、肉为主食。“其腥肉之食，非茶不消，青稞之热，非茶不解”。茶叶是他们补充营养的重要食品。西藏年人均茶叶消费量达15公斤，为全国之冠。

在西藏，人们还喝清茶和奶茶，但最普遍的还是酥油茶。酥油茶加工方法比较讲究，一般选紧压茶类中的普洱茶、黑砖等为原料。煮茶时要用两口锅。一口烧水，待水煮沸后，再把捣碎的茶投入沸水中。因海拔高，气压低，水沸腾温度达不到100℃，所以煮茶时间要比较久，一般要半小时，待茶汁充分浸出，滤去茶渣，把茶汁装进长圆柱形的打茶桶。同时，另一口锅煮牛奶，煮到表面凝结一层酥油时，把奶倒进盛有茶汤的打茶筒内，同时放进适量的盐和糖，盖住打茶筒，用手抓长棒，不断上下舂打，直到茶、酥油、盐、糖等充分混为一体。

藏族人民历来视茶为珍品，在婚嫁时，茶叶是必备的，它象征婚姻美满幸福。在茶礼上，藏族和汉族以及其他少数民族有相似之处。

三、蒙古族饮茶习俗

喝咸奶茶是蒙古族的饮茶习俗，奶茶养育了体魄强健的蒙古族人民。在牧区，他们习惯于“一日三餐茶”，却往往是“一日一顿饭”。煮咸奶茶，只有器、茶、奶、盐、温相互协调，味道才好，很考验功夫。蒙古族的妇女都有一手煮咸奶茶的功夫，大凡姑娘从懂事起，母亲就会悉心传授煮奶茶的技艺，姑娘出嫁后，办完婚礼，新娘做的头一件事就是当着亲朋好友的面，显露煮咸奶茶的技艺，并将亲手煮好的奶茶献给各位宾朋品尝，以示身手不凡、家教有方。

四、白族的三道茶

白族主要分布在风光秀丽的云南大理，这是一个好客的民族。大凡在逢年过节、生辰寿诞、男婚女嫁、拜师学艺等喜庆日子里，或是在亲朋宾客来访之际，都会以“一苦、二甜、三回味”的三道茶待客。

第一道茶经过烘烤、煎煮，茶汤色如琥珀，香气浓郁，但入口却很苦，这寓意了做人的道理：“要想立业，必先吃苦。”

第二道茶汤仍然用熬过头道茶的陶罐来煮，杯中放入红糖和核桃仁。这道茶香甜爽口，浓淡适中。用这第二道甜茶敬客人，寓意为：“人生在世，无论做什么，都只有吃得了苦，才会有甜。”

在冲第三道茶之前，主人先将一满匙蜂蜜和 3 ~ 5 粒花椒放入碗（杯）中，有的主人还加人烤黄的乳扇，然后冲入开水，这道茶称为“回味茶”。甘、苦、麻、辣、甜五味俱全，它寓意要时刻牢记先苦后甜的人生哲理。

中国是一个多民族的国家，各民族饮茶习俗也各有千秋。除上述茶俗外，还有云南傣族的竹筒香茶、纳西族的盐巴茶、土家族的擂茶、回族的罐罐茶等，它们无一不是根据当地食材特点和气候而传承至今的。

课外拓展

1. 选听歌曲《前门情思大碗茶》。了解北京大碗茶及老北京茶俗。
2. 收集资料，小组为单位进行“广州早茶”习俗介绍。

第十三课 活动 DIY②——茶会

茶会是以“茶”（喝茶、赏茶、品茶等）为主体，确定好某一具体主题，大家聚集一起，品茶、赏茶，享受茶带来的美感并共同探讨所确定的主题，从而使身心得到愉悦、得到提升的一种聚会形式。也就是人们常说的“以茶相聚”，“以茶会友”。

一、主题茶会设计

在组织茶会以前，组织人要根据茶会的种类，确定茶会的主题、规模、参与对象、时间、地点、茶会的性质、形式及活动程序。这就是我们所说的茶会设计。

茶会设计的几个要素：

1. 茶会主题的确定：因茶相聚，以茶为中心，用茶做媒介。我们生活的所有话题都可以作为茶会的主题，小至茶叶的品鉴、饮茶心得、花艺香道、生活与休闲、商品宣传等，大至教育与成长、文学与艺术、社会与发展等等，都可以成为茶会的主题。

2. 茶会主要内容设置：根据活动主题，对活动全过程的程序及主要内容进行设计。可以设计一些茶艺表演、茶叶品鉴等。

3. 茶会场地准备：落实地点、布置会场。

4. 茶会器材准备：水、茶叶，茶具及泡茶其他用品。

5. 邀请函准备：小型茶会以口头邀请或者发邀请函（纸质或微信）方式为宜，中型或大型茶会还可以通过海报、广告等方式发出邀请。邀请函或海报、广告要求对活动主题、活动地点、活动时间以及活动基本内容进行说明。中型或大型茶会在发出邀请函后还要注意及时收回执，以准确确定参会人员及人数。

6. 表演准备：如茶会中有茶艺表演等环节，要提前做好准备。

二、茶会的基本流程

1. 客人签到：引导客人在签到本上签名。

2. 客人净手：客人入席前在盆、盂里净手。事前要备好纸巾或擦手巾。

3. 客人入席：按事先安排的座次就坐或随意入座。工作人员到位，准备正式开始茶会。

4. 茶会主人简介本次茶会有关事项：介绍本次茶会的主题，以及主要茶品；提醒客人当场茶会的规则，比如：手机静音，前三泡止语等。

5. 静心入境：播放茶会背景音乐或者通过观看相应茶品的视频，大家进入安静、放松的状态并把所有关注集中到茶。

6. 赏茶：主泡引导大家观看茶品的外形、嗅闻茶品的香气，可以一一传看，传看之后，将茶品按照原来的位置摆放好。

7. 行茶：按茶艺要求泡茶，品茶。泡茶过程中前三泡止语。

8. 主题讨论交流：三泡以后，可以引导客人围绕事先确定的茶会主题，交流、讨论，或表演表达。

9. 退席：茶会的尾声。客人离席，主人行礼目送客人离去。

知识链接： **无我茶会**

“无我茶会”是一种流行于中、日、韩、新、美国等各地的茶文化活动。1989 年在台北由蔡荣章先生创办。无我茶会以发扬茶道精神、促进国际茶文化交流、推广茶业发展、增进家庭伦理关系，促进社会和谐美好为宗旨开展茶会活动，近年来在世界各国得以大力推广。

无我茶会的特点是参加者都自带茶叶、茶具，人人泡茶、人人敬茶、人人品茶，一味同心。在茶会中以茶传言，广为联谊，忘却自我，打成一片。会场一般设在雅净的室内，更多的是利用风景秀丽的露天空旷地；人数不限，不分肤色国籍，不分男女老幼，不分职业职位；精神在于心灵沟通，一味同心。

无我茶会倡行无尊卑之分，无好恶之心，无报偿之心，无所为而为，时时保持精进之心，遵守约定，培养团队默契精神。人人泡茶，人人奉茶，人人喝茶，无司仪或指挥，全员都依照事先的计划行事。

三、举办一次主题茶会

以小组为单位举办一次小型茶会。

要求：

1. 自由组合，7 ~ 8 人为一组。
2. 小组集体确定茶会主题，讨论茶会设计方案，确定主泡及助泡。
3. 场地小组自定。时间自定，最好定在周末。
4. 做好茶器、茶叶等物资准备，正式茶会前可进行一次模拟茶会。
5. 在活动过程中注意收集保存相关图像、视频资料，为活动后课堂分享做准备。
6. 活动后安排一节课时间班级内分享。

第十四课　茶与健康

茶作为人们日常饮品之一，在当今三大饮料中，保健功能首屈一指，是咖啡、可可无法比拟的，更是众多令人眼花缭乱的现代人工合成饮料所不能相提并论的。茶叶含有营养和药效成分，已被世界医学界公认为“原子时代的理想饮料”和“当代最佳保健饮料”。我们不仅要饮茶，还要学会科学、健康饮茶。

5000多年前神农发现茶叶首先用于解毒，以后逐渐作为药用。茶以药用开始，以食用发展，以饮用传扬，但其药用功能一直为人们所熟知。现代社会，茶的保健作用更是越来越为人们所重视。

一、茶的保健功效

现代研究发现，茶叶中含有600多种化学成分，它们对茶叶的色、香、味，成分以及营养、保健起着重要的作用。茶叶中的咖啡碱、茶多酚，以及维生素、矿物质、氨基酸等，对人体的营养、健康起着积极的作用。根据目前国内外的大量研究证明，茶叶中的多种化学成分的作用以及它们之间协调组合和互相作用，对人体的部分疾病有一定的疗效。

1. 咖啡碱

咖啡碱是茶叶中含量很高的生物碱，具弱碱性，溶于水。它能兴奋神经，提神强心，利尿排毒。

2. 茶多酚

茶多酚是茶叶中多酚类物质的总称，又称茶鞣或茶单宁，是形成茶叶色香味的主要成分之一，也是茶叶中有保健功能的主要成分之一。它能降低血脂血糖、抗氧化抗衰老，还能防辐射抗癌变，杀菌消炎。

绿茶中茶多酚的含量是最高的，一般是干茶质量的15%～35%。

茶的十二种保健功效

1. 安神醒脑；2. 清心明目；3. 消渴解暑；4. 清新口气；5. 解毒醒酒；6. 排毒美颜；7. 消食去滞；8. 利尿通便；9. 增强免疫力；10. 防辐射抗癌变；11. 抗衰老延年益寿；12. 消炎杀菌

二、科学饮茶四法

茶的保健功效非常多，但茶作为一种特殊饮料，也有其固有的禁忌。医学专家告诫我们，只有饮茶适当，才是养身保健的好习惯。

1. 喝茶有“季”——不同的季节喝不同的茶

春季：宜饮用花茶，可以散发一冬积在人体内的寒邪，浓郁的香茶，能促进人体阳气发生。

夏季：饮用绿茶为佳。绿茶性味苦寒，可以清热、消暑、解毒、止温、强心。

秋季：饮用青茶为最好。此茶不寒不热，能消除人体内的余热，恢复津液，一举两得。

冬季：饮用红茶最为理想。红茶味甘性温，含有丰富的蛋白质，能助消化，补益身体，使人更加强壮。

2. 喝茶有“量”——不同的人用茶浓淡不同

①一般健康的成年人，平时又有饮茶习惯，一般饮茶6～10克之间，分2～3次冲泡。

②劳动量大、体能消耗多、进食量也大的人，尤其是在高温环境，或接触有毒物质较多的人，一日可饮茶20克左右。

③食油腻食物较多、烟酒量大的人，应适当增加用量。

④孕妇和儿童、老年人饮茶量应适当减少、偏淡。

3. 喝茶有“类”——不同的人宜喝不同类的茶

在日常生活中，由于各人生活习惯、身体条件、职业、居住区域等方面的差异，对茶的选择和爱好也各不相同。所以，在选择茶叶时，应从实际出发，选适合自己的茶叶。

一般来说，脑力劳动者宜多喝茉莉花茶、绿茶。体力劳动量大的人宜喝乌龙茶及红茶。经常开车，或常受脏空气污染的人宜多喝绿茶。运动量不大的人宜喝些绿茶、花茶。经常烟酒不离手的人宜多喝绿茶。食肉多者宜多喝黑茶、乌龙茶。经常便秘的人宜喝些蜂蜜茶。胆固醇过高、血脂数高的人宜多喝黑茶、乌龙茶、绿茶。

4. 喝茶有“忌”——科学饮用才能发挥茶的保健功效

①忌饭前大量饮茶：饭前饮茶会冲淡唾液，使饮食无味，还能暂时使消化器官吸收蛋白质的功能下降，进而影响正常的生理功能，日久可能造成营养不良。

②忌饭后立即饮茶：饮后如立即喝茶，由于茶中含碱质，会与胃酸中和，水也会冲淡胃液，从而要延长食物的消化时间，增加了胃的负担。长此下去，会使胃受到损害，影响身体健康。

③忌饮冲泡时间过久的茶：茶水放久了，不仅会失去维生素等营养成分，并且容易发馊变质，甚至茶水中的鞣酸还会成为刺激性很强的氧化物，对脾胃有一定伤害，尤其是夏天，容易引起胃肠炎症。

④忌空腹饮茶：俗话说，“早时一杯茶，胜似强盗入穷家”，意思是早晨空腹不宜饮茶。晨起空腹饮茶，冲淡了胃液，降低了胃酸的功能，会妨碍人体消化，同时影响人体对蛋白的吸收，容易引起胃黏膜炎症。

⑤忌饮浓茶：茶水一般在人体内能滞留3小时左右，而浓茶滞留时间更长，这样茶碱在人体内积聚过多，导致神经功能失调。

⑥ 忌睡前饮茶：睡前两小时最好不饮茶，否则会使精神过于兴奋而影响入睡，甚至引起失眠。

课外拓展

1. 了解有机茶的概念。
2. 了解什么是茶叶农残标准；茶叶的重金属超标是怎么回事。

第十五课　中国名茶(一)

中国人5000年前发现了茶，3000多年前开始了茶叶的种植。在几千年茶的使用过程中，生产出了各种品种的茶，万紫千红，犹如春天的百花园。中国名茶就是在浩如烟海诸多花色品种茶叶中的珍品。同时，中国名茶在国际上享有很高的声誉，为世界各国人民所喜爱。据统计，中国茶叶中能叫出名字的茶叶就有一千多种，而能称得上“中国名茶”的茶叶也有数百种之多。

一、绿茶

绿茶是中国产量最多的一种茶。中国名茶中绿茶所占的席位也是最多的。

1. 饮誉世界的“国茶”——西湖龙井

西湖龙井是绿茶中最有特色的茶品之一，素有“天堂瑰宝”之称，居中国名茶之冠。

西湖龙井产于浙江杭州的狮峰、龙井、五云山、虎跑一带，有狮(狮峰)、龙(龙井)、梅(梅家坞)三大品类。其中狮峰龙井最为珍贵，采于谷雨前最佳，成品以色翠、香郁、味甘、形美四绝而著称于世，有“国茶”之称。

西湖龙井干茶外形挺直削尖、扁平俊秀、光滑匀齐、色泽绿中显黄。冲泡后，香气清高持久、香馥若兰；汤色杏绿，清澈明亮；叶底嫩绿，匀齐成朵，栩栩如生。品饮茶汤，沁人心脾，齿间流芳，回味无穷。

西湖龙井冲泡适用茶具为白色瓷杯或透明玻璃杯。冲泡水温为85℃～95℃，可冲泡3～4次。

2. 清香幽雅的"贡茶"——碧螺春

碧螺春产于江苏省苏州市吴县太湖洞庭山。碧螺春茶外形条索纤细，卷曲成螺，满披茸毛，色泽碧绿；冲泡后白云翻滚，雪花飞舞，汤绿水澈，香气清高持久，茶香味醇。叶底细匀嫩。

碧螺春的冲泡，适用茶具为透明玻璃杯或白色瓷杯。冲泡水温在70℃～80℃之间。

碧螺春茶名来源：碧螺春又称"吓煞人香"。清王彦奎《柳南随笔》记载："清圣祖康熙皇帝，于康熙三十八年(1699年)春，第三次南巡驾幸太湖。巡抚宋举人从当地制茶高手朱正元处购得精制的'吓煞人香'进贡，帝以其名不雅驯，题之曰'碧螺春'。"

3. 茶香味浓的豫茶——信阳毛尖

信阳毛尖是中国著名毛尖茶，河南省著名特产之一，产于河南信阳车云山。信阳是中国南北方的分水岭，桐柏山、鸡公山、大别山群山环绕其中。信阳毛尖其外形条索紧细、圆、光、直，银绿隐翠，内质香气新鲜，叶底嫩绿匀整，清黑色，一般一芽一叶或一芽二叶，假的为卷曲形，叶片发黄。信阳毛尖素来以"细、圆、光、直、多白毫、香高、味浓、汤色绿"的独特风格而饮誉中外。冲泡水温为85℃。

4. 不采梗、芽只采叶的特种绿茶——六安瓜片

六安瓜片产于安徽六安和金寨两县的齐云山。外形为单片平展、顺直、匀整，叶边背卷、不带芽梗，形似瓜子，色泽宝绿，叶被白霜，明亮油润。内质香气清高，水色碧绿，滋味回甜，叶底厚实明亮。六安瓜片既是消暑解渴的饮品，又是清心明目、提神消乏的良药，更是消食、解毒、美容、祛疲劳的保健佳品。冲泡水温以85℃为宜。

5. 高山云雾出好茶——黄山毛峰

黄山毛峰产于安徽省黄山。每年清明谷雨，选摘初展肥壮嫩芽，手工炒制。该茶外形微卷，状似雀舌，绿中泛黄，银毫显露，且带有金黄色鱼叶（俗称黄金片）。入杯冲泡雾气结顶，汤色清碧微黄，叶底黄绿有活力，滋味醇甘，香气如兰，韵味深长。由于新制茶叶白毫披身，芽尖峰芒，且鲜叶采自黄山高峰，遂将该茶取名为黄山毛峰。黄山毛峰的品质特征是：外形细扁稍卷曲，状如雀舌披银毫，汤色清澈带杏黄，香气持久似白兰。冲泡水温80℃－85℃。

二、红茶之首——祁门红茶

红茶为全世界产量最高的茶。中国的红茶名茶非常多，以祁门红、正山小种、滇红功夫等最为著名。其中祁门红茶被称为世界四大红茶之首。

祁门红茶简称“祁红”，产于中国安徽省西南部黄山支脉区的祁门县一带。

祁门红茶是“红茶”中的佼佼者，向以“香高、味醇、形美、色艳”四绝驰名于世。它外形条索紧细匀整，锋苗秀丽，色泽乌润（俗称“宝光”）；内质清芳并带有蜜糖香味，上品茶更蕴含着兰花香（号称“祁门香”），馥郁持久；汤色红艳明亮，滋味甘鲜醇厚，叶底（泡过的茶渣）红亮。清饮最能品味祁红的隽永香气，即使添加鲜奶亦不失其香醇。

小故事：龙井虾仁的传说

传有一年清明，乾隆下江南微服私访，曾在龙井附近的一个村姑家避雨，喝了她家的龙井新茶后感觉甚好。雨过天晴，讨得一包茶叶离去。日暮时来到一家小店，点了道清炒虾仁，然后拿出茶叶让店小二泡来喝。不想，掏茶叶包时被店小二无意中瞥见便衣底下的龙袍一角，急忙报告正在炒菜的店主，店主听了一惊，竟把小二刚刚递过来的那包茶叶当成葱花撒进锅里，慌慌张张端了出来。不想乾隆还没吃菜，已闻到那独特的香气，眼前一亮，夹上一筷子入口，呀！甘香弥沦于齿颊，太和之气萦绕两腮，真是无味之至味呀！连连称赞：“好菜！好菜！龙井虾仁！”从此名扬天下。

课外拓展

你所知道的中国名茶还有哪些？收集相关资料，介绍一两种，说明其产地及特点。

第十六课　中国名茶(二)

中国人在几千年茶的种植和使用过程中，生产出了各色品种的茶，万紫千红，犹如春天的百花园。中国名茶就是在浩如烟海诸多花色品种茶叶中的珍品。同时，中国名茶在国际上享有很高的声誉，为世界各国人民所喜爱。据统计，中国茶叶中能叫出名字的茶叶就有一千多种，而能称得上“中国名茶”的茶叶也有数百种之多。

一、黑茶陈韵——普洱茶

黑茶属于后发酵茶，其独特的发酵过程生成了新的化学物质，具有减肥、降低胆固醇、抑制动脉硬化等作用，满足了以食肉类、粗粮为主的人维持健康的要求。比较有名的黑茶有普洱茶、安化黑茶、广西六堡黑茶等。其中，云南普洱茶古今中外久负盛名。

大部分茶叶讲究的是新鲜，制茶的时间越短、茶叶越显得珍贵，陈茶往往无人问津。而普洱茶等黑茶则是茶中的另类，贮存的时间越长，反而越难得。因为黑茶是深度发酵的茶叶，发酵程度达80%以上，所以存放的时间越长，香气越浓。

普洱茶是以云南大叶茶为原料加工而成的。原运销集散地在普洱市，故因此而得名。普洱茶条索粗壮紧实，色泽乌润或褐红，白毫显，独特陈香高远持久，醇厚回甘，具有诸多保健功效。

普洱冲泡适用茶具为紫砂壶、盖碗、陶瓷壶或杯。水温100℃，可冲泡8～10次。

二、青茶

1. 工夫名茶——铁观音

铁观音产于福建安溪县。铁观音条索肥壮紧结，质重如铁，沙绿明显，青蒂绿，红点明，甜花香高，甜醇厚鲜爽，风味独特，回味香甜浓郁，冲泡7次仍有余香；汤色金黄，叶底肥厚柔软，艳亮均匀，叶缘红点，青心红镶边。历次参加国内外博览会都独占魁首，多次获奖，享有盛誉。铁观音的制作工艺十分复杂，制成的茶叶条索紧结，色泽乌润砂绿。好的铁观音，在制作过程中因咖啡碱随水分蒸发还会凝成一层白霜；冲泡后，有天然的兰花香，滋味纯浓。用小巧的工夫茶具品饮，先闻香，后尝味，顿觉满口生香，回味无穷。

2. 岩骨花香——武夷岩茶

武夷岩茶产于武夷山，茶树生长在岩缝中。具有绿茶之清香，红茶之甘醇，是乌龙茶中的极品。武夷岩茶经历代变迁，种类繁多，品质各异。岩茶中之珍品有四大名茶：大红袍、铁罗汉、白鸡冠、水金龟。其中最有名的是大红袍，特别耐泡，有“十泡有余香”之称。

武夷岩茶品质独特，香气馥郁胜似兰花，滋味浓清活，生津回甘。它未经窨花，茶汤却有浓郁的鲜花香。

武夷岩茶应现开现泡，水温低于90℃或长时间连续烧开的水都略逊。品武夷岩茶时先嗅其味，并反复几次。闻香有闻干茶香、盖香、杯底香、水香、叶底香等；尝味时须将茶汤与口腔和舌头的各部位充分接触，并反复几次，细细感觉茶汤的醇厚度及各种特征，综合判断茶叶的特征。

3. 宝岛茶中之圣——冻顶乌龙

主产于中国台湾南投县，是台湾知名度极高的茶。它属中等发酵轻焙火型茶。该茶外形卷曲呈半球状，色泽墨绿油润，汤色黄绿，有花香略带焦糖香，滋味甘醇浓厚。适用茶具为盖碗或紫砂壶。冲泡水温90℃～100℃。可冲泡6～7次以上。

课外拓展

网上搜集有关茶叶地理标志的相关知识。了解：

1. 什么是茶叶地理标志？
2. 查找西湖龙井、普洱等名茶的地理标志的相关知识。

第十七课　湖南有好茶

湖南省位于我国第二大淡水湖——“洞庭湖”的南面，属亚热带气候，无霜期长，年平均气温在16.7℃至17.9℃之间，南北温差极小，降雨量丰富适宜茶树生长，全省有九十多个县（市）种植茶树，年产茶八万多吨。湖南是中国重点产茶区之一，产茶量居全国第二位，有“茶乡”之称。

湖南从西汉初开始产茶，也是我国人工栽培茶树最早的省份之一，唐代湖南每年的贡茶就有十二万公斤。到十九世纪，湖南的茶树栽培面积已上百万亩，现在，茶叶生产已经成为湖南省一个重要的产业。

湖南产茶历史悠久，湖南的茶叶品种也是名品云集。其中较有名气的就有湖南黑茶（茯砖茶、安化千两茶等）、君山毛尖、古丈毛尖、沅陵碣滩茶、湖南红茶、南岳云雾茶、石门银峰、保靖黄金茶、长沙毛尖茉莉花茶、狗脑贡茶、郴州米茶、城步虫茶等。

一、可以喝的文物——安化黑茶

安化黑茶是采用安化境内山区大叶群体品种鲜叶为原料，经过杀青、揉捻、渥堆、烘焙、干燥等独特工艺加工制成的具有独特风味的黑茶系列产品。它主要有安化花卷茶，包括千两茶、百两茶、十两茶等长条形篾捆茶；砖茶类即“安化三砖”包括黑砖茶、花砖茶和茯砖茶；尖茶类即“安化三尖”，包括天尖茶、贡尖茶和生尖茶。安化黑茶以陈香为最佳，存放得法的陈年老茶是安化黑茶中的上品，因此，安化黑茶有“可以喝的文物”之称。

安化黑茶具有独特的色、香、味效果，茶汤红浓，香气醇正，滋味浓厚，回味甘甜。安化黑茶对人体具有很好的调理和保健功能：提神醒脑、止渴生津、调理肠胃、促进消化、治肚胀、疗腹泻、解油腻、降血脂、降血糖、降血压，以及增强毛细血管的韧性等。安化黑茶被日本人称之为“瘦身茶”，韩国人称之为“美容茶”，东南亚人称之为“苗条健康茶”，成为降“三高”的首选饮品。

小知识：安化茶马古道

在安化的崇山峻岭和山涧溪流之间，绵延着一条神秘的茶马古道。千百年来，无数的马帮在这条道路上默默行走，悠远的马铃声，回荡在山谷、急流和村寨上空，也成就了不同民族和不同文化的交融。如今，茶马古道上马蹄印仍历历在目，跨越溪流的廊桥仍屹立在风雨中，仿佛在追忆着那一片历史的风景。

茶马古道是指唐宋以来至民国时期，连接内地产茶区和西北、西南边疆少数民族地区，进行茶马交易的交通要道。历史上的益阳，驿道交通发达，并与茶马古道连接起来。千百年来，穿梭在古驿道上的辛勤马帮，在风餐露宿的艰难行程中，清悠的铃声和奔波的马蹄声打破山林深谷的宁静，日复一日、年复一年，开辟了一条通往边陲的经贸之路。在茶马古道上，使益阳茶名扬天下的是黑茶，其著名的品种有茯砖茶、千两茶、黑砖茶和三尖茶。

1. 安化千两茶

“千两茶”是安化的一个传统名茶，以每卷（支）的茶叶净含量合老秤一千两而得名，因其外表的篾篓包装成花格状，故又名花卷茶。“千两茶”以其古朴、大气之风范立于世界茶业之林。

“千两茶”采用茶学界俗称为“后发酵茶”的黑茶为原料，因此，只要存放在干燥、无异味的场所，时间越久，其药理保健功效则更加突出，而且口感更醇厚、自然。

千两茶的全部制作工序均由手工完成，加工技能强、难度大、消耗体力。在自然条件催化下自行发酵、干燥。

2. 安化茯砖茶

茯砖茶最先是陕西泾阳采用安化黑毛茶为原料，手工筑制的，旧称“泾阳砖”。因在伏天加工，又称“茯茶”，其药效似土茯苓，故又称为“茯茶”或“福砖”。

茯砖的“发花”是区别于其他黑茶的特殊工艺，所产生的“金花”即冠突散囊菌，是一种对人体有利的益生菌。

二、会跳舞的茶——君山银针

君山银针属黄茶类，产于湖南岳阳洞庭湖中的君山，为君山“群茶之冠”，色、香、味、形俱佳，世称“四美”。芽头茁壮挺直，大小长短均匀，白毫完整鲜亮，芽头色泽金黄，故名银针，享有“金镶玉”之美称。

君山银针的采摘、制作十分严格，每年只能清明前后七天采摘，只采单一芽头，并要求芽头肥壮重实紧直，芽长 25 至 30 毫米，并带 2 至 3 毫米芽柄。制作工艺要经过杀青、摊晾、初烘、初包、再摊晾、复烘、复包、焙干八道工序，制茶师傅需连续工作 78 个小时。

君山银针的冲泡器具、方法也十分讲究。冲泡器具选用高度 10～15 厘米、杯口直径 4～6 厘米的透明圆形玻璃杯。每杯用茶量为 3 克。水温 70℃～80℃。冲泡时，首先用开水预热茶杯，然后擦干杯中水珠，随后，用茶匙取 3 克茶放入杯中。采用高冲法，将 80℃左右的开水冲入杯中，先快后慢加水至杯子的 1/2 处。待茶芽湿透后，再加水至杯子的七八分满。你可以看到，开始芽头全部冲向水面，状如“万笔书天”；芽柄芽身吸水后徐徐下沉，茶芽幼叶微张，形同“菊花盛开”；最后，茶芽根竖于杯底，宛如“群笋出土”。间有小气泡点缀芽尖，恰似“雀舌含珠”，一起一落，如是者三，水光芽影，浑然一体，好似在茶杯里跳舞。这是君山银针最为奇特的地方。泡好的君山银针茶，香气鲜嫩清香，滋味甘醇甜和，叶底黄亮匀厚，汤色杏黄明净。

三、古老而神秘的茶——城步虫茶

在湘西南、广西、贵州交界的高山区，有一种常人听说后不敢喝的古老而神秘的茶——虫茶。人们不敢喝的原因是虫茶是由化香夜蛾、米黑虫等昆虫取食化香树、苦茶等植物叶片所排出的粪粒。

该茶形如米粒，色泽黑褐，开水冲泡后为青褐色，像速溶咖啡一样全部溶解，饮用方便，清香似茶，不仅能清热去暑，对治疗腹泻等也有疗效。《本草纲目》载，虫茶有清热、消暑、解毒、健脾胃、助消化等功效，对腹泻、鼻衄、牙龈出血和痔出血等均有较好疗效。湘西南山区的苗、瑶少数民族，都有饮用虫茶的习俗。

据分析，虫茶的营养价值高于普通茶叶，含有 10 多种氨基酸，以及粗蛋白、粗脂肪、糖类、单宁、维生素等，还含有人体所需的多种微量元素。

四、名岳出好茶——南岳云雾茶

南岳云雾茶为 2005 年“湖南十大名茶”之一，产于南岳衡山。

衡山巍峨秀丽，山岭峪谷终年云雾缭绕，茶树生长茂盛，所产南岳云雾茶制型优美，香味浓郁甘醇。

南岳云雾茶原为山上寺庙僧尼制作，1967 年设立南岳茶场，改进传统工艺，产品质量更上一层楼。

南岳云雾成品茶条索紧细，挺秀多毫，香气馥郁，滋味甜醇，汤色黄绿，叶底嫩匀，饮之齿颊留芳，神清气爽。在 1979 年全国林副特产资源综合利用展览会上，被评为“全国八大名茶”之一。从 1980 年起，在历届全省茶业评比会上均被评为省级名茶。

课外拓展

爱喝湖南安化黑茶的人会喜欢黑茶中的“金花”。黑茶中的金花是什么？其实“金花”是一种黄色颗粒状菌体，学名“冠突散囊菌”，一般存在于黑茶中茯砖茶内。

课外搜集资料，探究：黑茶“金花”是对人体有害还是有益的菌类？

第十八课　五溪寻茶

五溪地区生态环境适宜，茶叶资源丰富，茶叶品质优良，茶文化底蕴更是深厚，在国内外享有盛誉，是湖南茶叶重要产区，同时也是全省规划以后重点发展的主要区域。茶是五溪地区人民生活不可或缺的重要内容，茶文化也是五溪文化的一个重要组成部分。

"五溪"，是中国历史上对湘黔川鄂边境地区一个特定地理单元的称谓。五溪即沅水上游的五大支流，最早见于《水经注》"武陵有五溪，谓雄溪、满溪、酉溪、潕溪、辰溪"。其范围以怀化为中心地带，包括湘黔渝鄂等省市的周边地区，共 30 几个县市。五溪地区有 31 个少数民族，历史上是中国南方重要的少数民族聚居地区。

狭义的五溪指湖南省怀化市一带。其境内重要的支流有酉水、辰水、溆水、舞水和渠水，古称"五溪"，因此 怀化自古便称"五溪之地"。

一、五溪名茶

1. 沅陵碣滩茶

碣滩茶产于湖南怀化市沅陵县碣滩，南临滔滔沅水，北依武陵群山，雨量充沛，气候温润，地理环境非常适宜茶叶的生长，所产茶叶，根深叶茂，芽多叶大，质地柔软。

“碣滩茶”是湖南省十大名茶之一，历史悠久，从唐代开始，碣滩茶就从老百姓的生活茶成为朝廷特贡茶，享誉全国，流传日本。之后宋元明清各代，碣滩茶一直都是朝廷的贡茶。清同治十年《沅陵县志》载：“（碣滩茶）极先摘者名曰毛尖，今且以之充贡矣。”1972 年，当时的日本首相田中角荣来华访问，曾向周恩来总理夸赞碣滩茶，并称之为“中日友好之茶”。

碣滩茶营养丰富，水浸出物多，茶多酚、氨基酸等含量较高。而且，由于生态环境良好，“碣滩茶”铅含量极低，属无公害有机绿茶。

碣滩茶外形条索细紧，圆曲，色泽绿润，匀净鲜亮；香气嫩香、持久；汤色绿亮明净，滋味醇爽、回甘，叶底嫩绿、整齐、明亮。碣滩茶多次被评为湖南省优质名茶，1985 年被列为农牧渔业部优质产品，现已获得国家茶叶地理标记认证。

2. 湘西黄金茶

“黄金茶”是湖南湘西保靖县古老、珍稀的地方茶树品种。据保靖县志记载，清朝嘉庆年间，某道台巡视保靖六都，路经两岔河，品尝该地茶叶后，颇为赞赏，曾赏黄金一两，列为贡品。后人将该茶取名为“黄金茶”，该地亦改名为黄金寨，该地仍有两百多年的大茶树。

“湘西黄金茶”具有“高氨基酸、高茶多酚、高水浸出物”和“香、绿、爽、浓”的品质特点。其早期春茶氨基酸含量高达7%，是同期绿茶的2倍以上，且茶多酚含量高达20%，所制产品滋味醇爽、浓而不苦，耐冲泡。被誉为中国(世界)最好的茶，“一两黄金一两茶”的广告深入人心。

故事链接：一两黄金一两茶

《明世宗嘉靖实录》记载：明朝嘉庆十八年，即公元1545年4月，湖广贵州都御史陆杰，从报警宣尉司（今保靖县城迁陵镇）取道往镇溪（今吉首市）巡视兵防，路过保靖辖区的鲁旗（今保靖县葫芦镇）深山沟壑密林中，一行百余人中，有多人染瘴气，艰难行至两岔河苗寨，染瘴气人已不能行走，苗族向姓家老阿婆，摘采自家门前的百年老茶树叶沏汤赠与染瘴的文武官员服用，饮茶汤后半个时辰，瘴气立愈。陆杰十分高兴，当场赐谢向家老阿婆黄金一条（金条），还将此茶上报为贡品，岁贡皇朝帝君。

从此时开始，该茶在市场上就有“一两黄金一两茶”的尊贵身价。一种自然生长在苗家深山之中的无名茶树，便有了“黄金茶”之名，该苗寨也因茶而名为“黄金村”。

3. 古丈毛尖

湖南省湘西土家族苗族自治州古丈县境内，崇山峻岭，谷幽林深，溪河网布，山水辉映，景色宜人。当地盛产绿茶，以产地名命名，名之为“古丈毛尖”。

古丈毛尖为历史悠久的名茶，唐代入贡，清代又列为贡品。

古丈毛尖采制精细，外形条索紧细圆直，锋苗挺秀，白毫显露，色泽翠绿光润，内质清香芬芳，滋味醇厚鲜爽，回味生津。古丈毛尖，或弯而似鱼钩，或直而如标枪，以色泽翠绿、白毫显露、汤色黄绿明亮、滋味醇爽、回味绵甜悠长、香高持久，耐冲泡等显著内质特点而久负盛名。

该茶曾于德国莱比锡国际博览会展出。1980年以来连续五次被评为湖南省名茶。1982年原商业部在长沙召开的全国名茶评比会上被评为全国名茶，同年原外贸部颁发优质产品荣誉证书。

二、五溪茶俗

五溪地区有31个少数民族，其中土家族、侗族、苗族是五溪地区主要的少数民族。各民族根据当地不同的气候条件、民族习性、血统体质，长期以来形成了各自独有的一些饮茶方式，如土家族的擂茶，苗族和侗族的油茶等。

1. 土家族擂茶

土家族主要居住在川、黔、湘、鄂四省交界的武陵山区一带，这里到处古木参天，绿树成荫，有“芳草鲜美，落英缤纷”之誉，是我国的旅游胜地之一。由于当地生态环境适宜种茶，所以历史上一直是我国优质茶和许多名茶的重要产地。山美、茶美，固能引人入胜，而土家族同胞喝擂茶的习俗，更令人叫绝不已。

擂茶，又名三生汤。“擂”字为研磨的意思。擂茶，除茶叶外，再配上炒熟的花生、芝麻、米花等；此外，还要加些生姜、食盐、胡椒粉之类。将茶和多种食物，以及佐料放在特制的陶制擂钵内，然后用硬木擂棍用力旋转，使各种食材彼此混合，再取出逐个倾入碗中，用沸水冲泡，用调匙搅动几下，即调成擂茶。也有地方的擂茶省去擂研工序，将多种食材放入碗内，直接用沸水冲泡的，但冲茶的水必须是现沸现泡的。

土家族兄弟都有喝擂茶的习惯。通常大家正午干活回家，在用餐前总以喝几碗擂茶为快。有的老年人假使一天不喝擂茶，就会感到全身乏力，精力不爽。可以说，土家人喝擂茶好像跟吃饭一样重要。

在当地，擂茶也经常用来待客，倘有亲友进门，除了奉上擂茶外，还要设上几碟茶点。茶点以清淡、香脆食物为主，比如花生、薯片、瓜子、米炸鱼片之类。

2. 苗族和侗族的油茶

五溪地区的苗族和侗族同胞都有吃油茶的习惯。苗族和侗族吃油茶始于何时，已无可考证，当地民谣说：“香油芝麻加葱花，美酒蜜糖不如它。一天泡茶喝三碗，养精蓄力劲头大。”喝油茶能除邪祛湿，预防感冒，所以当地的百姓把打油茶看得和做饭一样重要，家家户户常年必喝。

侗族有客登门必“打油茶”款待。打油茶，先要点茶备料，点茶即选择所要用的茶。通常有干茶或嫩茶叶两种。备料就是把各种配料进行初加工，例如炸鸡块、炒猪肝等。煮茶时在铁锅中倒进茶油烧到冒青烟，此时倒入茶叶并翻炒到香气四溢，再倒入芝麻、花生米、生姜丝等炒几下，即可放水加盖煎煮。煮到茶汤滚开，起锅时再撒上适量的盐、葱花和姜丝，即煮好了。

五溪地区的侗家和苗家人也用油茶待客。客人进了寨子，无论进了哪家，要是请你吃油茶，客人是一定不能客气的，否则会被视为瞧不起人。喝茶时，主人只给你一根筷子，如果你不想再喝时，就将这根筷子架到碗上，主人一看就明白，不会再斟下一碗。如果不是这样，主人就会陪你一直喝下去。

课后活动实践：

利用周末时间走访当地茶店茶馆，了解当地茶店、茶馆以及当地现代茶俗茶风。

第十九课 品茶读诗

中国是诗的国度，也是茶的故乡。几千年来，文人、茶客角色兼容，茶与诗也一直相伴而生。在吟诗品茶过程中自然就产生了茶诗。中国茶诗的历史源远流长，从《诗经》开始就有了与茶相关的诗歌。中国的茶诗，不但数量多，而且内容异常丰富，涉及到茶文化的各个方面，是中国茶文化的重要组成部分。中国茶诗，为中国茶文化增添了无穷的艺术魄力。

1.《汲江煎茶》北宋 · 苏轼

活水还须活火烹，自临钓石取深清；
大瓢贮月归春瓮，小杓分江入夜瓶。
雪乳已翻煎处脚，松风忽作泻时声；
枯肠未易禁三椀，坐听荒城长短更。

作者：苏轼(1037~1101)，北宋文学家，诗人，书画家。自号东坡居士。他一生坎坷多难，但他的乐观旷达使他从苦难中自我解脱，宠辱偕忘，怡然自得，在散文、诗词、书画方面都有极高成就。与父苏洵、弟苏辙并称"三苏"，同属"唐宋八大家"之列苏轼精通茶道，写了不少脍炙人口的诗词，有若干佳句，成为千古绝唱，在茶文化百花园中独放异彩。

赏析：这首诗是苏轼诗中为人称道的名篇之一。它写于苏轼被贬儋州(今海南省儋县)之时。这是一首充满了丰富想象力的诗歌。诗中描写了诗人春天月夜江边汲水煎茶的情景，反映了被贬远方的寂寞心情。诗中对汲水、煮茶、品饮的茶事活动的细致描写，将诗人被贬后寂寞无聊的心理生动地表现出来。

2.《和韦开州盛山茶岭》唐·张籍

紫芽连白蕊，初向岭头生。

自看家人摘，寻常触露行。

作者：张籍（约767～约830），唐代诗人。字文昌，今安徽和县人。曾从学于韩愈，世称“韩门弟子”。张籍的乐府诗与王建齐名，并称“张王乐府”。著名诗篇有《塞下曲》《征妇怨》《采莲曲》《江南曲》。

赏析：从这首短诗中可以看到，唐人采摘的茶叶很细嫩。喜欢初生的茶芽，采茶多在清晨露水未退时。品饮者多喜欢自家动手，手摘制造茶，体味其中清静的情趣。

3.《效蜀人煎茶戏作长句》南宋·陆游

午枕初回梦蝶床，红丝小硙破旗枪。

正须山石龙头鼎，一试风炉蟹眼汤。

岩电已能开倦眼，春雷不许殷枯肠。

饭囊酒瓮纷纷是，谁赏蒙山紫笋香？

作者：陆游（1125～1209），字务观，号放翁。越州山阴（今浙江绍兴）人，南宋著名诗人。自言“六十年间万首诗”，今尚存九千三百余首，其中有茶诗近300首，是我国现有存诗最多的诗人。现有《剑南诗稿》、渭南文集等数十个文集存世。

赏析：午睡初醒——石硙碾茶——风炉煎茶——饮茶除倦，诗人细致地描绘了这一连续的动态过程，清新自然又富有生活情趣。前三联直言清茶除却昏聩之感，尾联以茶喻志，于时局之中，申发虽报国无门，却仍心存远志的报国之心。

4.《重过何氏五首(之三)》唐·杜甫

落日平台上，春风啜茗时。

石阑斜点笔，桐叶坐题诗。

翡翠鸣衣桁，蜻蜓立钓丝。

自今幽兴熟，来往亦无期。

作者:杜甫(712～770)，字子美，世称“杜工部”“杜少陵”等，今河南省巩义市人，唐代伟大的现实主义诗人。杜甫被世人尊为“诗圣”，他的诗被后世称为“诗史”。杜甫诗艺精湛，忧国忧民，人格高尚，在中国古典诗歌中备受推崇，影响深远，与李白合称“李杜”。。759～766 年间曾居成都，后世有杜甫草堂纪念。

释义:诗写春日傍晚，作者在何氏山林的平台上饮茶。兴之所至，便倚石阑在桐叶上题诗。落日，春风，翠鸟，蜻蜓，环境幽雅，正是品茗的清雅场所。一边赏茗，一边题诗，情景交融，宛如一幅美妙的饮茶题诗图，雅趣跃然纸上。

5.《一言至七言诗·茶》唐·元稹

茶。

香叶，嫩芽。

慕诗客，爱僧家。

碾雕白玉，罗织红纱。

铫煎黄蕊色，碗转曲尘花。

夜后邀陪明月，晨前命对朝霞。

洗尽古今人不倦，将知醉后岂堪夸。

作者:唐代诗人元稹(779～831)，聪明有才学，与白居易交好，他们都是新乐府运动的倡导者，常常以诗唱和，人称“元白”，他的诗作号为“元和体”。元稹的“曾经沧海难为水，除却巫山不是云”成了流传千古的佳句。

赏析:元稹的这首《一言至七言诗·茶》，人称宝塔诗，这种体裁在茶诗中是少见的。这首诗从一个字开始，以后每两句增加一个字，至七字止。诗一开头，就点出了主题是茶，然后从三个方面写茶:一是从茶的本性——味香形美说到人们喜爱茶;二是从茶的烹煮说到人们的饮茶习俗；三是从茶的功用说到了茶能提神醒酒。

6.《走笔谢孟谏议寄新茶》唐·卢仝

日高丈五睡正浓，军将打门惊周公。
口云谏议送书信，白绢斜封三道印。
开缄宛见谏议面，手阅月团三百片。
闻道新年入山里，蛰虫惊动春风起。
天子须尝阳羡茶，百草不敢先开花。
仁风暗结珠琲瓃，先春抽出黄金芽。
摘鲜焙芳旋封裹，至精至好且不奢。
至尊之馀合王公，何事便到山人家。
柴门反关无俗客，纱帽笼头自煎吃。
碧云引风吹不断，白花浮光凝碗面。
一碗喉吻润，两碗破孤闷。
三碗搜枯肠，唯有文字五千卷。
四碗发轻汗，平生不平事，尽向毛孔散。
五碗肌骨清，六碗通仙灵。
七碗吃不得也，唯觉两腋习习清风生。
蓬莱山，在何处？玉川子，乘此清风欲归去。
山上群仙司下土，地位清高隔风雨。
安得知百万亿苍生命，堕在巅崖受辛苦！
便为谏议问苍生，到头还得苏息否？

作者：卢仝(795年~835年)，唐代诗人。自号玉川子。他少时有才，20岁就隐居山野，不愿仕进。生活清苦，读书刻苦，博览经史，工诗经文。著有《玉川子诗集》。他还著有《茶谱》，被世人尊为“茶仙”。《走笔答谢谏议寄新茶》是与陆羽的《茶经》齐名的玉川茶歌。

赏析：这首诗是卢仝在品尝了友人谏议大夫孟简所赠的新茶之后，即兴而作的一首脍炙人口的诗作。诗的开头叙述好茶的由来，强调茶的珍贵，本是天子王公享受的，现在到了山野人家，所以有受宠若惊的感觉。中间叙述自己煎茶饮茶的情景以及饮茶的感受，其中连饮七碗的奇妙感受更是描写得出神入化。在诗的最后，笔锋一转，为苍生请命，希望上层阶级能为百姓的着想。纵观全诗，我们看到它不仅是在赞茶，还表达了对劳动人民的深刻同情。

第二十课　活动 DIY③——采茶与制茶

“都说春茶贵，可知采茶、种茶有几难？”春日里或秋色中，大家一起登上茶山，做一回采茶工；走进茶叶生产车间，学习制茶的流程，这也是学茶之人的一种乐趣。

本次活动就近选取本地较有规模的茶叶生产基地，组织学生实地参观，了解茶树栽培及茶叶生产制作等方面的知识。

一、活动目的

1. 了解茶叶栽培基本知识及制茶过程。

2. 通过学生的学习、亲身体验等活动，培养学生的学习能力、劳动观念和实践能力，体验知识来源于生活、服务于生活，从而激发学生的学习动力。

3. 培养学生团结协作精神，锻炼从事社会实践活动的能力。

二、活动准备

1. 就近联系本地区有一定规模的茶叶生产基地。

2. 学生按组安排带队教师。

3. 安排活动用车。

4. 茶山参观的相关准备。

5. 组织纪律及安全事项的教育。

三、实施过程要点

1. 出发前明确本次实践活动的任务，增强活动过程中的安全意识。

2. 茶园采茶活动：在工作人员的带领下，分组到指定的地点采茶，带队教师负责管理。在班内分成各个采茶小组，实现组长负责制。

采茶活动步骤：

①观察茶农采茶，听茶农介绍采茶技巧。

②听茶农介绍茶树的生长过程。初步了解茶树的栽培技术。

③学生学采茶，茶农指导。

3. 参观茶厂：了解茶叶生产的基本流程，听茶厂工作人员讲解茶叶生产的有关知识及茶叶的制作过程。重点了解从摘鲜叶到晾晒、筛选、杀青、揉捻、干燥（炒）、分拣、包装等几个环节。

4. 体验炒茶。

5. 小组讨论交流参观体会。以自主学习研究小组为单位，根据对茶叶生产等环节的了解，进一步展开自主学习与实践研究活动。